中国现代教育社团史

周谷城 题

"中国现代教育社团史"丛书编委会

丛书主编：储朝晖

丛书编委会：（按姓氏笔画排序）

于书娟　马立武　王　玮　王文岭　王洪见
王聪颖　白　欣　刘小红　刘树勇　刘羡冰
刘嘉恒　孙邦华　苏东来　李永春　李英杰
李高峰　杨思信　吴冬梅　吴擎华　汪昊宇
宋业春　张礼永　张睦楚　陈克胜　陈梦越
周志平　周雪敏　钱　江　徐莹晖　曹天忠
梁尔铭　葛仁考　韩　星　储朝晖　楼世洲

审读委员会：（按姓氏笔画排序）

王　雷　王建梁　巴　杰　曲铁华　朱镜人
刘秀峰　刘继华　牟映雪　张　弛　张　剑
邵晓枫　范铁权　周　勇　赵国壮　徐　勇
徐卫红　黄书光　谢长法

"中国现代教育社团史"丛书书目

《中国现代教育社团发展史论》
《中华教育改进社史》
《中华平民教育促进会史》
《生活教育社史》
《中华职业教育社史》
《江苏教育会史》
《全国教育会联合会史》
《中国教育学会史》
《无锡教育会史》
《中国社会教育社史》
《中国民生教育学会史》
《中国教育电影协会史》
《中国科学社史》
《通俗教育研究会史》
《国家教育协会史》
《中华图书馆协会史》
《少年中国学会史》
《中华儿童教育社史》
《新安旅行团史》
《留美中国学生联合会史》
《中华学艺社史》
《道德学社史》
《中华教育文化基金会史》
《中华基督教教育会史》
《华法教育会史》
《中华自然科学社史》
《寰球中国学生会史》
《华美协进社史》
《中国数学会史》
《澳门中华教育会史》

推进教育治理体系和治理能力现代化……推动社会参与教育治理常态化，建立健全社会参与学校管理和教育评价监管机制。

——《中国教育现代化2035》

当前，我国改革开放正在逐步地深入和扩大，激发社会组织活力，在整个社会治理体系建设中具有重要作用。现代教育治理体系的建设，也迫切需要发挥专业的教育社团的积极作用。在这个大背景下，依据可靠的历史资料，回溯和评价历史上著名教育社团的产生、发展、组织方式和活动方式等，具有现实意义和社会价值。总的来说，这个项目设计视角独特，基础良好，具有较高的学术价值、实践价值和出版价值。

——石中英

教育社团组织与中国教育早期现代化，既是一个有丰富内涵的历史课题，更是一个极具现实意义的重大课题。由中国教育科学研究院储朝晖研究员领衔的学术团队，多年来在近代教育史这块园地上努力耕耘，多有创获，取得了可喜的成果，积累了深厚的知识储备。现在，他们选择一批有代表性、典型性、产生过重大影响的教育社团组织，列为专题，分头进行深入的研究，以期在丰富中国教育早期现代化研究和为当代中国教育改革服务两个方面做出贡献，我觉得他们的设想很好。

——田正平

中国现代教育社团史　丛书主编/储朝晖

中华教育文化基金会史

马立武　赵　伟　编著

国家一级出版社 全国百佳图书出版单位

图书在版编目(CIP)数据

中华教育文化基金会史／马立武,赵伟编著. -- 重庆：西南大学出版社, 2023.12
（中国现代教育社团史）
ISBN 978-7-5697-2065-5

Ⅰ.①中… Ⅱ.①马…②赵… Ⅲ.①教育学—文化学—基金会—历史—研究—中国 Ⅳ.①G529

中国国家版本馆CIP数据核字(2023)第218182号

中华教育文化基金会史
ZHONGHUA JIAOYU WENHUA JIJINHUI SHI

马立武　赵　伟　编著

策划组稿：尹清强　伯古娟
责任编辑：徐庆兰　邓　慧
责任校对：张　琳
装帧设计：观止堂_朱璇
排　　版：李　燕
出版发行：西南大学出版社（原西南师范大学出版社）
　　　　　重庆·北碚　邮编：400715
印　　刷：重庆市正前方彩色印刷有限公司
幅面尺寸：170 mm×240 mm
印　　张：12.75
插　　页：4
字　　数：234千字
版　　次：2023年12月 第1版
印　　次：2023年12月 第1次
书　　号：ISBN 978-7-5697-2065-5
定　　价：68.00元

总序

在中国教育早期现代化的历史进程中,无论是清末,还是北洋政府和国民政府时期,在整个20世纪前期传统教育变革和现代教育推进波澜壮阔的历史舞台上,活跃着这样一批人的身影,他们既不是清王朝的封疆大吏、朝廷重臣,也不是民国政府的议长部长、军政要员,从张謇、袁希涛、沈恩孚、黄炎培,到晏阳初、陶行知、陈鹤琴、廖世承,有晚清的状元、举人,有海外学成归来的博士、硕士,他们不居庙堂之上,却念念不忘国家民族的百年大计;他们不拿政府的分文津贴,却时时心系中国教育的改革与发展。是"研究学理,介绍新知,发展教育,开通民智"这样一个共同理想和愿景,将这些年龄悬殊、经历迥异、分散在天南海北的传统士人、新型知识分子凝聚在一起,此呼彼应、同气相求,结成团体,组织会社。于是,从晚清最后十年的江苏学务总会、安徽全省教育总会、河南全省教育总会,到民国时期的全国教育会联合会;从中华职业教育社、中华新教育共进社、中华教育改进社,到中华平民教育促进会、生活教育社、中国社会教育社、中华儿童教育社、中国教育学会……在短短的半个世纪里,仅省级以上的和全国性的教育会社团体就先后有数十个,至于以县、市地区命名,以高等学校命名或以某种特定目标命名的各式各样的教育会社团体,更是难以计数。所有这些遍布全国各地的教育会社团体,通过持续不断的努力,从不同的层面,以不同的方式,冲刷着传统封建教育的根基,孕育和滋养着现代教育的因素。可以毫不夸张地说,在传统教育变革和现代教育推进的历史进程中,从宏观到微观,到处都留下这些教育会社团体的深深印记,它们对中国教育早期现代化的贡献可谓功莫大焉!

大约从上世纪90年代开始,中国近代教育会社团体的研究,渐渐进入人们的学术视野,20多年过去了,如今关于这一领域的研究,已经风生水起,渐成气候,取得了相当的成果,并且有着很好的发展势头。说到底,这是当代中国教育改革的需要和呼唤。教育是中华民族振兴的根基和依托,改革和发展中国教育,让中国教育努力赶上世界先进水平,既是中央政府和地方各级政府义不容辞的职责,也必须依靠广大教育工作者的自觉参与和担当。从这个意义上讲,中国近代教育会社团体与中国教育早期现代化研究,既是一个有丰富内涵的历史课题,更是一个极具现实意义的重大问题。中国教育科学研究院储朝晖研究员,多年来在关注现实教育改革的诸多问题的同时,对中国近代教育史有着特殊的感情,并在这块园地上努力耕耘,多有创获,取得了可喜的成果,积累了深厚的知识储备。现在,他率领一批志同道合的中青年学者,完成了"中国现代教育社团史"的课题,从近代以来数十上百个教育社团中精心选择一批有代表性、典型性、产生过重大影响的教育社团,列为专题,分头进行了深入的研究。我相信,读者诸君在阅读这些成果后所收获的不仅仅是对教育社团的深入理解和崇高敬意,也可能从中引发出一些关于当代中国教育改革的更深层次的思考。

是为序。

田正平

丁酉暮春于浙江大学西溪校区

总　序（田正平）

第一章　引论 /1

第二章　中华教育文化基金会的创立 /11
　　第一节　近代美国对华态度及影响 /14
　　第二节　庚子赔款与美国退款 /15
　　第三节　教育经费独立运动与庚款兴学 /18
　　第四节　退款的使用与管理 /21
　　第五节　第二次退还庚款交涉与中基会的设立 /24

第三章　中华教育文化基金会的组织机构及运行 /31
　　第一节　中基会的成立及主要董事人选 /33
　　第二节　中基会第一次年会的召开及组织机构的初步确立 /37
　　第三节　中基会方针与原则的确立 /40
　　第四节　中基会的运行机构 /46

第四章　中华教育文化基金会初期工作之开展（1925—1927年） /49
　　第一节　中基会初期的机构及董事 /51
　　第二节　建立、健全机构组织和管理制度 /54
　　第三节　与教育部合办北京图书馆 /57

第四节　设立科学教席和研究教席项目　/65

第五节　推动中美教育交流，引进现代美国教育思想　/71

第五章　中华教育文化基金会的发展与全盛（1928—1937年）　/75

第一节　南京国民政府成立后中基会的改组及董事会　/77

第二节　修订调整政策，采取措施应对经费短缺危机　/82

第三节　实施研究教席项目和科学教席项目　/92

第四节　设立科学研究补助金及奖励金　/108

第五节　对大学的直接资助　/111

第六节　资助科学研究机构　/119

第七节　资助中学科学教育和义务教育　/120

第八节　资助教育机构和团体　/123

第六章　中华教育文化基金会之危机及恢复工作（1937年以后）　/127

第一节　"七七事变"后中基会机构及董事会情况　/129

第二节　战时中基会资助工作　/131

第三节　《中美新约》与中基会的裁撤危机　/133

第四节　战后中基会工作的恢复　/141

第五节　中基会尾声　/142

第七章　中华教育文化基金会历史贡献之回看　/143

第一节　中基会对中国现代教育的推动　/146

第二节　中基会成功运作之原因　/155

第三节　关于中基会的争议　/159

附　录　/165

参考文献　/183

后　记　/191

丛书跋（储朝晖）　/192

引 论

第一章

中华教育文化基金会(China Foundation for the Promotion of Education and Culture)成立于1924年9月18日,原名中华教育文化基金董事会,在1931年6月第七次年会上正式将简称定为"中基会"(本书亦沿用此简称)。它是20世纪20年代用美国退还的庚子赔款建立起来的一个民间文教机构,是以促进中华教育与文化事业为宗旨的财团法人。中基会可以说是民国时期最有影响的并且工作开展卓有成效的独立的民间文教机构。

中基会的设立与庚子赔款(简称"庚款")及美国退款有直接的关系。1900年,战败的清政府被迫与美国等11国签订了不平等条约《辛丑条约》,并开始了长期的巨额赔款。庚子赔款之后,美国出于对"门户开放"政策的考虑,先后两次退款于中国政府。第一次即1909年至1917年,清政府用美国此次退还的庚款创办清华学校,派遣留学生,掀起了"庚款留美"的热潮;第二次退还庚款始自1917年,在中美人士的倡议下,历经数年,美国参众两院终于在1924年通过了议案:退还余留的1/3应退庚款给中国政府,平均分配于20年内退还,专用以发展中国教育文化事业,此次为美国第二次退还庚款。在退款过程中,美方还与中方共同设立了专门的机构管理退款。中基会便是当时美国退款的历史产物。该会的主要任务是负责保管、分配和监督使用美国退还的庚款。其中方成员大都是中国文化教育界的著名人物,他们利用这一稳定的基金来源,投资发展中国的科学教育事业,加快了中国科学教育现代化的进程。

在1924年9月18日,中基会正式成立,由大总统曹锟遴选董事15人,其中华籍代表10人中便有留美学生顾维钧、施肇基、颜惠庆、张伯苓、郭秉文、蒋梦麟、周诒春7人。中基会利用其经费发展中国的教育文化,长期运行,并产生了深远影响。在当时的历史条件下,中基会一经产生,就在中国历史舞台和中美交流中扮演着重要角色,发挥了难以忽视的重要作用。自然,中基会的发展也成为学术界关注的一个重要议题。国内外学术界也对此有过一定探讨,产生了一批相关成果。

实际上,在中基会存在之时,对中基会的关注和论述就已开始,其中许多论者是当事人。1929年,胡适在中基会改组后曾在多家英文报刊上发表文章详述改组始末;1933年,曾担任中基会董事的任鸿隽撰写《中基会与中国科学》,发表于《科学》第17卷第9期,详细介绍了中基会的成立及其对发展中国科学文化事业的帮助;1935年,任鸿隽又在《东方杂志》上发表《十年来中基会事业的回顾》一文,对该会在此期间的运作、资助范围,以及董事会成员的更替选举有较为详细的说明。1949年之后,中基会在大陆不复存在,也渐渐淡出大陆研究者的视野。1950年,胡先骕撰写并发表了《庚子赔款与中国科学人才之兴起》,论述了中基会对近代科学的贡献。此文客观上成为学界关于此类研究的一个阶段性小结。此后数十年间,对此的专门研究付之阙如。

改革开放以来,学术界对中基会的研究从20世纪90年代开始持续地涌现相关成果,进入21世纪之后更是形成了一个小小的热潮。这些成果中虽然鲜有专著,但论文数量甚为可观,研究也较为广泛和深入。1991年,李佩珊在《美国研究》发表《20世纪前半叶科学技术从美国向中国的传入及其影响》一文,曹育在《自然辩证法通讯》发表《中华教育文化基金会与中国现代科学的早期发展》一文。1993年,赵慧芝在《中国科技史料》发表了《中基会和中国近现代科学》一文。1999年,《档案春秋》杂志刊发了《中华教育文化基金会史料》,对该会的原始史料进行了初步呈现,学者宓汝成则在《近代史研究》上发表了《庚款"退款"及其管理和利用》一文。2006年,张殿清发表论文《中华文化教育基金董事会对中国近代图书馆的资金援助》。2007年,郭宗礼、毛锐发表论文《近十年来我国有关"美国退还庚子赔款"研究》。2008年,李致忠发表《中华教育文化基金会与国立京师图书馆》一文。2009年,何树远在中国社会科学院近代史研究所青年学术论坛上宣读了《中华教育改进社与中华教育文化基金董事会》一文(此文后被收入论文集并于2011年出版)。2010年,张龙林的《〈中美新约〉与中基会存废之争》、许文果的《论全国庚款董事会的庚款兴学活动》以及张书美、周立群的《中基会与民国高校图书馆》陆续发表。2011年,徐吉发表论文《任鸿隽与中华教育文化基金董事会》。2012年,朱晓芸、薛国瑞在《求索》第9期上发表论文《中基会与民国高等教育的发展》,同年,左玉河在《扬州大学学报》(人文社会科学版)第16卷第3期上发表《二三十年代"中基会"对中国学术研究之资助》一文。2014年,陆建德在《海南师范大学学报》(社会科学版)第12期上发表《图书馆"兼职"副馆长的工资——鲁迅、李四光和中华教育文化基金会》一文,黄翠红完成并提交了博士论文《近代中国科学事业的拓荒者——任鸿隽生平研究》,李丹发表了《任鸿隽与其科学事业》一文,乔占泽发表论文《博弈视阈下的全国教联会与中基会之争》[《扬州大学学报》(高教研究版)2014年第2期]。2015年,乔占泽完成并提交了硕士论文《中华教育文化基金董事会与中国近代高等教育》,南京大学崔德胜完成并提交了硕士论文《胡适与中华教育文化基金董事会研究(1924—1949年)》。2016年,徐蕾、黄翠红在《兰州学刊》上发表《独立基金资助科教事业的历史模式探讨——以"中基会"对中学科学教育事业的支持为视角》一文。2019年,陈强完成并提交了博士论文《美国庚款退还对中国近代教育发展的影响研究》,在文中对中基会的运行和贡献进行了讨论。以上足证这一议题已成为许多高校硕博论文的重要选项,这表明其在学术体制内已得到相当程度的认可。

综上可见,从20世纪90年代以来,对中基会的研究已成为一个持续推进的学术议题,无论是宏观还是微观,无论是人物、事件还是问题,都已有涉及,其中出现了若干有一定学术含量的成果。这些成果中比较有代表性的研究集中体现在以下几个方面。

(一)关于中基会的历史沿革及组织结构的研究

胡宗刚所撰《关于中基会——档案中的历史》(载《东方文化》2003年第6期)介绍了中基会的历史背景。文章指出,1924年5月,美国国会通过议案,决定将中国庚子赔款之余额及利息约1 200万美元退还中国。当时中外人士皆认为此款应作为发展中国教育文化事业的基金,而近代中国军阀混战,政局多变,为防政府官吏挪作军费或政费,遂组织了一个以中美两国民间知名人士为主的基金董事会,共同管理和使用这笔巨额款项。伯亮发表的《中华教育文化基金董事会成立始末》(载《北京档案史料》2006年第4期)一文,是迄今为止对中基会创立历史介绍最为详尽的文章,文中详细研究了中基会成立的缘起、目的、组织、结构、任务、职能分工等。该研究史料翔实、方法规范,是一篇较重要的研究中基会历史沿革的史学论文。崔德胜的硕士论文《胡适与中华教育文化基金董事会研究(1924—1949年)》,主要以胡适留下的文字、中基会的相关记载为基础,运用历史分期法与专题研究法对胡适与中基会的关系进行梳理,力求全景式展现胡适在中基会的活动轨迹,并在此基础上剖析其在中基会的人际网络与权势影响。著名学者陆建德的论文《图书馆"兼职"副馆长的工资——鲁迅、李四光和中华教育文化基金会》则从侧面研究了中基会负责管理美国退还庚款职能的发端及早期发展,分析了中基会当年的财务决策机制,以及其财务管理职能的变化。

(二)关于中基会的贡献和历史影响的研究

曹育的论文《中华教育文化基金会与中国现代科学的早期发展》指出,在中国现代科学发展的早期历程中,曾有过一段比较繁荣的时期,考察这一时期后发现,中基会对中国早期科学发展的影响是不容忽视的。在20世纪30年代,生物科学是中国发展最显著的学科之一,而中基会对它的资助起着重要的推进作用。这篇论文以1949年以前生物科学发展为例,介绍了中基会及其在中国现代科学发展中的作用。赵慧芝的论文《中基会和中国近现代科学》对中基会的历史沿革、组织机构、方针任务、事业概况和管理方法等情况进行了介绍分析,探讨了中基会在中国近现代科技史上的作用。对美国第二次退还的庚子赔款余额的使用(受到美方的制约)是在中国爱国科学家们的主持之下进行的,中基会的宗旨是,利用此款发展中国的科学研究、科学应用、科学教育和永久性的文化事业(如图书馆之类)。中基会的董事们,按照既定目标,于1949年之前,在这些方面做了许多富有成效的工作,客观上对中国近现代科学的发展产生了重要影响,起到了推动作用,并促进了中美间的文化交往。中基会本身也发展成为中国第一个"独立自主、永久自存"的自然科学基金组织,具有一定的历史意义。刘小云的论文《论中华教育文化基金会与中国科教现代化》指出,中基会的成员大都是中国科教界的杰出人物,他们利用自身的影响力以及比较完善的制度,投资发展中国的科教事业,加快了中国科教现代化的进程。李致忠的论文《中华教育文化基金会与国立京师图书馆》主要研究了庚子赔款及退款的历史情况,分析了退款的各种用向,同时,研究了中基会的创立背景及其对国立京师图书馆建馆的贡献。徐吉的论文《任鸿隽与中华教育文化基金董事会》立足个体视角,研究了任鸿隽与中基会的深厚渊源,并认为他对该会在中国的发展做出了重要贡献。与此同时,他的科学发展理念也通过该会得以实现。他用非凡的组织和领导才能,规划了中国科学事业发展的方向,为其他学科科学家创造了良好的科学研究氛围,进而促进了中国现代科学事业的发展。因此,从这个意义上说,他对中国的现代科学事业做出了独特的贡献。朱晓芸、薛国瑞2012年发表的论文《中基会与民国高等教育的发展》指出,中基会的设立推动了民国时期高等教育事业的发展。该文考察了中基会资助并推动北京大学发展的脉络,认为中基会在科学研究及教育方面的经济支持有力地推动了北京大学由注重教学功能向注重研究功能的转型,以及北京大学在注重高质量发展中的制度建设。中基会对于中国高等教育的发展,起到了一定的示范作用;同时,中基会的援助引起了学者们对大学自主性问题的深刻反思。

除了上述专题论文,其他一些相关论著也从不同角度对中基会做了某种程度的讨论。2001年,谢长法在《借鉴与融合——留美学生抗战前教育活动研究》一书的第五章介绍了中基会的缘起与成立过程,详细讨论了留美学生与中基会的关系,并简要叙述了任鸿隽对中基会的贡献。2008年,左玉河在《中国近代学术体制之创建》一书的第十章以中基会为例来说明学术资助体制的发轫,对中基会的事业进行了"深描",详细论述了中基会对学术研究、学术研究机关、大学科学研究及科学教育的资助。2012年,吴汉全、王中平在《留学生与近代中国社会变迁》一书中以专节形式讨论了任鸿隽与中基会的最初十年,对任氏在其中的贡献做了系统阐释。

(三)关于中基会思想和启示的研究

张睦楚的论文《教育独立视野下的中华教育文化基金董事会困境研究》[《时代报告》(下半月)2012年第9期],强调了近代教育独立作为近代民族主义思潮一个侧面,吁求学术独立于政治,也寻求教育独立于西方。该论文将作为庚款管理机构并致力于民国时期中国教育文化事业发展的中基会置于研究视野中,试图从中国政府、美方两方分析,得出其主观上力求"独立"而实际难为之的结论,且认为其在多方力量拉锯下,试图找到一个解决模式以在一定程度上保障独立品质实现及道义上的合理是有着极大困难的。从实践的角度看,我国现有各类教育基金会为多渠道筹措教育经费的组织,性质上具有双重性,处于"无行政职能,有行政性,是社会团体,又不是纯粹的社会团体"的尴尬境地,另外也存在人事滥用及经费违规的现象。作者力图通过历史回顾与反思,借鉴经验,总结教训,以期帮助基金会运作者规避前人已走的弯路。此外,张睦楚、孙邦华合撰的《从理想主义到现实激荡——中基会与"北大合作特款"下的学人分歧》(载于《现代大学教育》2014年第5期)则从学术派系的视角进行了探讨。文章分析了中基会特殊的款项管理原则、事业发展理念,使得其与北京大学达成"合作特款"补助格局。该款项旨在推动北京大学"教育"与"文化"事业的双轨发展,但在现实运行中却陷入受众人质疑之境地。究其原因,纵向层面,是因"款"而兴的理想与现实的冲突与落差;横向层面,则交织着与之相关学人间的理念分歧。实质上这一方面体现出彼时一种深具"外交"与"政治"特性的新兴教育补助团体所呈现出的"水土不服"的现实,另一方面则体现出作为特殊历史、特殊政潮变迁下的特殊基金会与实体教育机构合作项目进程之难为。剖析其过程与分歧,为理解近代教育历史进程的特殊性路径提供了有益的启示。

与国内学术界相比,国外学术界关于中基会的论著较少。目前据管见所及,专门述及"中基会"的英文文献主要是1999年Han Yelong的"Making China Part of the Globe: The Impact of America's Boxer Indemnity Remissions on China's Academic Institutional Building in the 1920s"。这是一篇芝加哥大学历史学专业学生的博士论文,即《中国融入世界:20世纪20年代美国庚子退款对中国学术机构建设的影响研究》。该论文主要研究了1909年起中国利用美国第一笔庚子退款开展的现代海外留学运动,研究了这场运动对当时中国学术机构的建设所产生的影响。该论文的第五部分重点介绍了中基会的创建。作者认为,中基会的创建与当时清华大学的建校在很大程度上受到了美国的影响,同时也反映出那一代中国留学生为使中国教育融入世界学术和科学界而付出的不懈努力。论文也研究了在当时中美两国之间存在的巨大政治和经济差异,以及20世纪20年代在中国人民强烈的爱国主义热情的背景下,这种中国教育国际化运动与中国社会内部在吸收、融合、合作和抵制等方面不断发生的各种冲突。

除了以上研究论著外,中基会在当时留下了相当系统的原始文献,这些文献也成为深入研究该会的重要基础。

但是,我们也注意到,尽管国内学者对中基会的研究日渐拓展和深入,但和近代史上的其他一些重要议题相比,其研究成果的数量无疑是有限的,对内中许多重要议题仍缺乏必要的观照。同时,我们也应看到,目前对中基会的研究仍然缺乏足够的系统性。未来相关研究可采用专著形式,在现有研究的基础上,继续大量发掘第一手资料,形成关于中基会的系统的深度研究。此外,相关研究也可从教育史视角,着重研究中基会对我国早期的政治、社会、经济产生的影响。同时,中基会早年的主要领导人物及其对中基会发展的作用,也是未来相关历史学者可以选择的具有相当学术价值的研究着眼点。这些研究的设想,也成为本书重要的研究起点。

中华教育文化基金会的创立

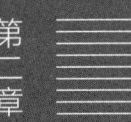

1911年10月10日,武昌起义爆发,其后成立的中华民国临时政府以及北洋政府对封建教育进行了一系列改革,努力建立资产阶级民主教育体制,各级教育进一步发展。1916年袁世凯称帝失败后,国家陷入了军阀割据混战的局面,黎元洪、冯国璋、徐世昌、曹锟、段祺瑞等军阀继续执掌政权。1917年,张勋复辟失败后,曾在反对袁世凯称帝的护国战争中一度独立的南方各省继续同北洋政府分庭抗礼。1921年4月7日,非常国会通过《中华民国政府组织大纲》。同年5月5日,孙中山于广州就任非常大总统之职,成立了与北洋政府并存的广东国民政府。直到1928年第二次北伐战争胜利,北洋政府才最终垮台。

　　1919年之后,由于连年战乱,教育的运行和发展面临很大的困难。北洋政府经常拖欠、挪用教育经费,教育经费问题成为教育界最为突出的问题。由于北京是国立大专院校集中之地,教育界与北洋军阀当局的冲突越来越多,紧张关系达到空前的程度。

　　庚子赔款之后,美国出于对华"门户开放"政策的考虑,先后两次退还庚子赔款的余额于中国政府,并与中方共同设立了专门机构管理退款。中基会的设立与庚子赔款及美国退款有直接的关系,是当时美国退款的历史产物。可以说,美国之所以能够退还庚子赔款,是当时美国对华政策的具体体现。因此,为了弄清楚美国退还庚子赔款的背景,有必要回顾一下近代美国的对华态度与影响问题。

第一节　近代美国对华态度及影响

19世纪40年代,第一次鸦片战争后中国的大门被西方列强强行打开,从此中国结束了长期以来与西方国家的隔离状态,曲折地进入近代国际体系之中,开启了中国社会的近代化历程。19世纪60年代,南北战争之后美国的工农业生产获得了快速发展,到19世纪末已经超越英、德、法等国,成为世界强国,同时美国的对华态度和政策对中国近代社会的影响力日益显著。在20世纪以前,尽管中美之间在政治体制、文化传统以及价值观念体系等方面存在明显的差异,但许多美国政府、教会和民间人士仍对中国抱有很大的兴趣和好感。传统的使命感、宗教扩张热情、随工业发展而来的扩大海外市场的诸多动机,促使美国意欲按照西方文明规范以及自己的政治、商业利益需求来改造和影响中国。

第二次鸦片战争后,清政府为了挽救其垂危的统治,放弃了排外政策,开始了引进和学习西方先进的科学技术的洋务运动。1861年1月,因奕䜣等人的奏请,清政府批准设立"总理各国事务衙门"。洋务运动后清政府接受各国公使进驻北京,开设洋务学堂和京师同文馆,并遣使出洋,在海外设立常驻外交使团。清政府自1872年开始派遣120名幼童赴美留学。洋务运动发生于19世纪60年代至90年代,开启了中国早期近代化的历程。在这一过程中,美国外交人员起了显著的推动作用,积极促使清政府进入国际社会。当时的美国驻华公使蒲安臣(Anson Burlingame)除了积极贯彻与清政府的"合作政策"外,还试图调解中国与欧洲列强之间的争端。尽管美国希望并推动中国加入国际社会,但它完全无意给中国以平等地位。美国所期望的,只是一个在国际社会中处于被支配甚至被榨取地位的中国。美方所支持的"合作政策"的前提是清政府服从列强为它规定的对外行为规范,而其最根本的目的是维护列强在华特权。[1]

1895年中日甲午战争后,民族危机急剧加深,中国的民族意识开始普遍觉醒,改良派和革命派的有识之士开始了废除不平等条约、争取民族独立自强运动。1900年八国联军侵入北京后,中国的社会矛盾又一次空前激化。19世纪

---

[1] 陶文钊、梁碧莹主编《美国与近现代中国》,中国社会科学出版社,1996,第5—6页。

末20世纪初,是美国外贸大发展时期,美国在国际上的经济地位迅速提高,因此,以扩大海外市场、掠夺海外资源、扩大海外投资为主导的商业扩展成为美国对外政策的一个重要出发点。进入20世纪,美国对华贸易总值有较大增加,但面临的竞争也很激烈。甲午战争后列强纷纷在中国抢占势力范围,使美国开始忧虑会失去中国这个远东最大的市场。为了保障在华的利益,1899年美国提出了对华"门户开放"政策。美西战争获胜后,美国在远东的地位发生了巨大变化,以菲律宾为基地,美国成为东亚地区的一个强有力的竞争者。"20世纪20年代,美国和中国处于一个对抗的阶段,因为中国的民族主义者比以往更激烈地攻击不平等条约,要求对外国的经济和文化渗透加以控制。"①这一时期美国的对华态度是抵制、局部妥协和协调。为了同英、日等国争夺对中国的影响力,美国对华政策的基本目的在于尽可能地维护美国在华的既得特权,同时用某些退让来引导中国的民族主义走上美国希望的道路。对于北洋政府和国民政府的有关决定,美国因其可能会损害自己的特权而感到反感,同时又希望经过美国的引导使中国不损害现存的国际秩序,还要使美国在华的影响力得到尊重和加强。总之,这一时期美国对华的态度是从当时美国的国际政治和经济利益出发,希望获得中国政府的合作和好感,使得美国在华利益和影响力得到巩固和扩展。

第二节 庚子赔款与美国退款

1900年8月,八国联军攻占北京,慈禧太后带着光绪皇帝逃往西安。第二年,即1901年,美、英、法、德、意、日、俄、奥等11国强迫清政府签订了丧权辱国的《辛丑条约》。条约规定清政府要向各国赔偿共计白银4.5亿两,从1902年到1940年分39年偿清,年息4厘,本息合计超9.8亿两,因事出中国庚子年,史称"庚子赔款"。然列强并不满足,故条约签订后,各国都蓄意高报、虚报赔款数额,总数高达4.6亿多两白银,比条约规定赔偿的4.5亿两多出1 000余万两。

---

① 韩德:《中美特殊关系的形成——1914年前的美国与中国》,项立岭、林勇军译,复旦大学出版社,1993,第320页。

1901年各国代表谈判庚子赔款的结果:利息不计,中国应赔总数为30 000.3万美元(合白银45 000万两)。美国得到的赔款额是2 444万余美元,而美国实际损失仅1 165.5万余美元,也就是美国超索1 278.5万余美元。如果加上利息,则美国所得超过5 300万美元。①

中国政府被迫签订《辛丑条约》,向各国支付巨额战争赔款,激起了国内各界对列强的抵制。1905年的抵制美货运动,不仅使美国商品在中国的销售受到沉重打击,而且使美国的声誉在中国降到了最低点。美国政府意识到单靠武力无法征服中国,从对华"门户开放"政策出发,出于自身利益考虑,提出在政治上实行"以华制华",强调"更多的优惠和行政改革要比大量的金钱赔偿更合乎需要"。

到19世纪末期,美国已经成为世界头号工业强国,到1913年,美国在国际贸易中所占的比重仅次于英国和德国,居世界第三位。19世纪末20世纪初,随着经济和军事实力的增强以及西部领土扩张完毕,美国积极参与重新瓜分世界的狂潮,试图建立世界性的大国,并把亚洲、太平洋地区和拉丁美洲确定为对外扩张的主要目标。19世纪的美国外交重心在西半球,第一次世界大战则把美国的注意力一下子从西半球带到整个世界。美国开始在世界范围内进行政策选择。1918年1月1日,威尔逊总统在向国会致辞时提出了后来被称为"世界和平纲领"的"十四点原则",概括了美国战时外交方针以及战后世界秩序的构思。特别是大战初期,美国经济空前繁荣。到1917年,美国的外贸顺差达35亿美元。一战后美国成为世界经济巨人。美国拥有世界石油产量的70%,煤产量的40%,工业产品的40%。美国已经取代英国成为世界金融中心,成为最大贸易国。

为了与日本争夺在华的影响力,美国考虑退还庚款。中日甲午战争后,中国各界看到了日本明治维新后的国富兵强,决定效法日本进行文教制度的改革,鼓励留学日本,日本逐渐取代欧美成为中国学生留学的主要选择,到1905年中国留日学生已达到8 000余人②。在20世纪初的清末教育改革中,《癸卯学

---

① 苏云峰:《从清华学堂到清华大学1911—1929:近代中国高等教育研究》,生活·读书·新知三联书店,2001,第2页。

② 实藤惠秀:《中国人留学日本史》,谭汝谦、林启彦译,生活·读书·新知三联书店,1983,第39页。

制》(即《奏定学堂章程》)就是仿照日本明治学制而制定的,同时大量聘请日本教习到中国各省学堂任教。日本文化教育在中国的优势地位引起了美国人士的注意,美国人担心的不仅仅是日本,对于其他各国,他们也同样抱有强烈的竞争心理。美国一些议员出于在华长期利益的考虑,提出可将大部分庚子赔款作为中国派遣学生赴美留学的经费。1906年,美国伊里诺大学校长詹姆士在给罗斯福总统的《关于派遣教育观察团去中国的备忘录》中提醒美国政府,"如果美国能在三十年前已经做到把中国学生的潮流引向这一国家来,并能使这个潮流继续扩大,那么,我们现在就一定能够使用最圆满与巧妙的方式控制中国的发展……使用那从知识上与精神上支配中国的领袖的方式"[①]来控制中国的发展。

因此,为了缓和中国当时正日益高涨的反美情绪,美国政府不但表示愿意按比例削减赔款数额,还多次指示美国驻华公使康格说服其他列强。在将各国的赔款总额削减至4.5亿两之后,美国愿意做出进一步削减,同时也希望其他各国按比例削减,但未得到其他列强的响应。

美国劝说失败后,时任美国国务卿的海·约翰(John Hay)和当时负责远东政策的柔克义便开始考虑率先由美国单独退还庚子赔款中虚报、高报的部分,想用实际行动促使其他列强一同退还庚子赔款。1904年12月6日,柔克义根据海·约翰的意图,草拟了一份关于退还部分庚子赔款的备忘录,提交国会讨论。该备忘录指出,在八国联军进攻北京时,美国公民在义和团抵抗中所遭受的损失及美国军队的开支并非最初估计的那么多,有鉴于此以及中国目前的财政状况,退还部分庚子赔款是必要的。如果此建议获得国会的批准,希望授权行政部门通知中国政府,此后美国只要求赔款总数的一半。[②]

1905年1月,中国驻美公使梁诚奉命与美国商讨庚子赔款支付问题,海·约翰第一次婉转表达美国退还多余部分赔款的打算。在美国政府官员中,美驻华大使柔克义最早积极主张将退款用于改革中国教育。他认为,教育可使中国政治安定与商业繁荣,使中国成为富足的贸易伙伴。尤其是一旦留美学生成为北

[①]《1906年美国伊里诺大学(University of Illinois)校长詹姆士(Edmund J.James)给美国总统西奥多·罗斯福(Theodre Roosevelt)的〈备忘录〉(摘要)》,载清华大学校史研究室编《清华大学史料选编·第一卷:清华学校时期(1911—1928)》,清华大学出版社,1991,第72页。

[②]李致忠:《中华教育文化基金会与国立京师图书馆》,《国家图书馆学刊》2008年第1期。

京领袖时,美国对中国将有很大的影响力。1905年4月,柔克义出任美国驻华公使,在来华前夕曾就如何退还部分庚款征询梁诚的意见。同年7月12日,即海·约翰病逝第五天,已来华履职的柔克义致函美国总统罗斯福,希望尽早解决退还部分庚款问题。1906年初,中国的抵制美货运动渐息,罗斯福对退还庚款的态度也显示出积极倾向。1907年6月15日,美国国务卿鲁特正式致函清政府,宣布美国总统将在下一次国会开会期间要求授权修改与中国签订的有关赔款协议,豁免和取消部分庚子赔款。[1]

经由中国驻美公使梁诚、伍廷芳等人的交涉,1908年5月25日,美国国会参众两院正式通过了退还中国庚款余额的议案,授权美国总统退还中国部分庚款。罗斯福总统于12月28日签署行政命令执行。12月31日,美国驻华公使柔克义通知清政府,退还部分赔款。美方同意索赔之款由2 444余万美元减为1 365.5万美元,年息4厘在外,应退还中国1 078.5万余美元。本息合计为2 892.2万美元。这是美国退还部分庚款的第一笔。[2]

第三节 教育经费独立运动与庚款兴学

1919年五四运动的爆发以及其前后新文化运动的兴起,促进了现代民族意识的觉醒和空前的思想解放。随着大量西方现代教育思想的引入,一些知识分子为了探索中国社会的改进,积极参与到社会和教育活动之中,出现了多种教育思潮、教育团体和教育运动。在此过程中,北洋政府迫于国内外形势,也进行了一定的妥协和教育改革。教育经费独立运动就是在这样的背景下出现的。

一、教育经费独立运动

"教育独立"作为一种教育思潮,萌发于"五四"之前,发展兴盛于20世纪20年代。总的来看,教育独立思潮间接受到国外将教育事业作为国家基本设施,

---

[1] 李致忠:《中华教育文化基金会与国立京师图书馆》,《国家图书馆学刊》2008年第1期。
[2] 李致忠:《中华教育文化基金会与国立京师图书馆》,《国家图书馆学刊》2008年第1期。

中立于各党派思想的影响而产生。从国内情况来看,随着北洋政府在教育管理方面的日渐腐败,教育行政独立、教育经费独立的呼声渐渐高涨。由于军阀混战,经济凋敝,北洋政府又不重视教育,政府预算中教育经费的比例很低,在1920年前后,国家预算中教育经费仅占1.2%左右。教育经费的严重不足和长期短缺,直接导致教育被视为无足轻重的事业,难以为继,教育的地位日渐低落。五四运动前后,拖欠教育经费、积欠教职员薪资引发了教育界持续不断的请愿、罢课、罢教风潮。

为了维持教育的正常运转,在蔡元培等教育界著名人士的倡导下,北京教育界首先发起了向北洋政府争取教育经费独立的斗争,进而形成了内容广泛的教育独立思潮,并成立了"全国性的教育独立运动会"。[①]其中教育经费独立是教育独立运动的首要主张,强调政府要指定固定的款项,专作教育经费,不能移作他用,建立独立的教育会计制度。

蔡元培从教育救国的理想出发,积极倡导和支持教育独立。1922年3月,他在《新教育》上发表了《教育独立议》一文,阐明了教育独立的基本观点和方法,被认为是教育独立思潮的重要"篇章"。蔡元培认为,教育与政党、教会在目标、性质上存在严重对立,因此教育要完成自己的使命,就应完全交给教育家去办,保持其独立地位,不受政党或教会的影响。为实现教育的真正独立,蔡元培设计了教育经费独立、教育行政独立、教育独立于宗教的具体措施。

在教育独立思潮的冲击下,1924—1925年爆发了席卷全国的收回教育权运动。1927—1928年大学区制教育行政改革,是在蔡元培教育独立主张下进行的一次重要实践。教育独立运动是中国近代史上少有的一次在最大范围内动员了普通基层教职员参加的群众运动,运动以教育经费独立为基本诉求。在教育独立运动中,少数教育界精英领导广大的基层教职员以集会、请愿、罢教、上书、发表独立宣言,甚至直接与政府方面交涉等形式对教育独立诸诉求进行呼应,形成了极大的社会影响,对北洋政府造成了极大的压力。尽管后来大学区制教育行政改革失败,教育独立思潮也逐渐销声匿迹,但是教育独立思潮中的教育

[①] 孙培青主编《中国教育史》(修订版),华东师范大学出版社,2000,第372页。

经费独立作为最早达成共识和形成广泛影响的一个要求,对庚款兴学的出现产生了积极的影响。

二、教育经费独立运动对庚款兴学的影响

民国教育经费独立运动的最终目的就是使教育经费专款专用,不因任何政治因素的影响而被侵占或减少,其最初的目标是要求经费从政府财政经费支出中特别单列,或由政府教育机关自行保存,政府不得随意挪用;更进一步的或根本性的要求是筹建专门的教育基金。在基金的保管方面,教育界达成共识,即教育基金的保管机关应当避免政府的行政干预,由教育家或社会力量负责保管和支配,具有相当的独立性。

20世纪20年代的中国教育界正处在经费最困难的历史时期,教育经费独立运动风起云涌,教育界也是庚款争夺战中的重要一方,庚款兴学的舆论热潮于是勃然而兴,教育界开始主动地将自己教育经费独立的要求与庚款用途问题结合起来,呼吁用退还庚款设立独立于政府的教育基金。[1]1920年第六届全国教育会联合会(简称"教联会")通过了一个呈教育部的《教育经费独立案》,这是一个面向中国教育全局的计划,其中设立教育基金是关键。教联会认为,即使各省教育经费已然独立划定,设立专门的教育基金仍然重要,"教育经费既已划清,若未得专款以充基金,则教育基础仍难巩固",提出以各省官产作为学校产业、商请退回庚子赔款专充全国教育基金、组织各省区教育基金委员会来专门保管教育基金等建议。关于"教育基金委员会的组织条例,由教育部制定实施"[2]。

在北京国立八校提出的方案中,筹措独立的教育基金也是其最高的目标。1920年初的第一次罢教中,教职员们对政府提出的要求之一就是筹集全国教育基金。[3]在1921年的第二次罢教中,各校教职员代表第三次联席会议讨论了由

---

[1] 姜朝晖:《教育经费独立运动与庚款用途之争》,《聊城大学学报》(社会科学版)2007年第1期。
[2] 姜朝晖:《教育经费独立运动与庚款用途之争》,《聊城大学学报》(社会科学版)2007年第1期。
[3] 姜朝晖:《民国时期教育独立思潮研究》,中国社会科学出版社,2008,第108—109页。

马叙伦提出的"教育基金案",并提出设立教育基金委员会。该方案主要关注基金的保管和支配方面的独立,主张由非官方的民间组织来参与监督。

1921年美国第二次决定向中国退回庚子赔款。为了避免退还的庚子赔款被军阀当局侵占,教育界争取把它变成独立于政府行政控制之外的教育经费,在1921—1926年间促成了庚款兴学运动。1921年由直隶教育会、湖南教育会和华法教育会发起,直隶、湖南两地各大中小学校教职员及学生签名请求法国、比利时等国退还庚子赔款。国内各教育团体如中华教育改进社、中国科学社等不断发表声明,一致主张将退回的庚款用于教育事业,借机建立稳定的教育基金,使教育摆脱动荡局面。北京国立八校教职员代表及其他教育团体不断对各国公使进行游说,表明希望退款兴学、建立全国独立教育基金的立场,期望公使向其本国政府予以申说和接洽。1923年《教育杂志》第15卷第6号称为"庚子赔款与教育专号",专门讨论退款兴学问题。中国教育界庚款兴学的呼声在一定程度上主宰了舆论导向,对庚款用途的意向产生了一定的影响。美国于1921年再次做出退还剩余的全部庚款的决定后,鉴于中国国内的庚款之争和中国教育界建立教育基金的高涨呼声,遂决定此次退款将全部用于教育文化事业。为防止各路军阀将退款中饱私囊,美国要求民国政府特设独立机构来管理退款。

第四节　退款的使用与管理

美国早在退还部分庚款之前,就确定了庚款退还后的使用方向。美国当局从维护美国在华利益、实行文化渗透的角度出发,率先表示"退还庚款"。美国既然率先退还部分庚款,其"用向"当然要贯彻美国政府的意图。美国出于培养亲美人才的长远战略考虑,在退款时表示中国当时的政府不要巧立名目把这笔退款中饱私囊,应该将它用于"设学游学",清政府以及后来的民国政府只能顺水推舟,向美方保证退款将用于中国发展教育和派遣留美学生。

一、中美关于退款使用的意见分歧

1905年前后,针对美国19世纪末以来的排斥华工政策,中国沿海各地掀起了广泛的抵制美货运动,使美国的在华利益受到损失。同时留日高峰的形成,也引起美国朝野的关注,认为这将不利于美国在华的长远利益。美国于是想通过退还庚款兴学的方式,来缓和中国当时日益高涨的反美情绪。美国之所以能够启动第二次退还庚款,与当时美国谋求成为世界大国的国家政策和财政状况有着直接的关系。

美国政府认为"更多的优惠和行政改革要比大量的金钱赔偿更合乎需要",1905年4月将要启动第一笔退款时,柔克义就曾向中国驻美公使梁诚建议,清政府最好将退款直接或完全用于派遣中国学生赴美留学。稍后,柔克义作为驻华公使来华,又致信美国总统罗斯福,再次建议将退款用于教育,并坚决反对当时康奈尔大学教授提出的将退款用于清政府货币改革的意见。在华美国教育会会长、美国公理会牧师史密斯(A.H.Smith)认为:"为了扩张精神上的影响而花些钱,即使只从物质意义上说,也能够比用别的方法收获得更多,商业追随精神支配,是比军旗更为可靠。"[①]

1906年初,罗斯福在给美国公理会传教士明恩溥的复信中,透露了赞同退款用于教育的意向。1907年12月3日,罗斯福在为争取国会支持退还部分庚款而写给国会的报告中,进一步公开表示:"我们这个国家应在中国人的教育方面给于十分实际的帮助,以便中国这个幅员辽阔、人口众多的帝国逐渐适应现代形势。实现这一目标的途径之一,就是鼓励中国学生来我们这个国家,吸引他们在我们的大学和高等教育机构里就学。"[②]

而当时清政府的想法与美国则不同。1905年5月,直隶总督袁世凯提出将退还的庚款先用于兴办路矿,以路矿所获之余利再用于兴学,这样"庶可本末兼权,款归实济"。当时的外务部也认为办理学务无需如此巨款,而认为袁世凯的意见是"尤属统筹兼顾,尽美尽善之图"。但由于顾虑到美国政府多次表达出

[①] 苏云峰:《从清华学堂到清华大学 1911—1929:近代中国高等教育研究》,生活·读书·新知三联书店,2001,第8页。

[②] 李致忠:《中华教育文化基金会与国立京师图书馆》,《国家图书馆学刊》2008年第1期。

来的退款兴学的意见,又碍于当时中美正就粤汉路权问题进行交涉,恐过分强调中方意见会影响美国退款,故对退款兴学未提出异议。

1907年6月,美国国务卿鲁特正式通知中方美国将部分退还庚款,使用方向则再起争端。当时清政府为抵御俄、日侵略东北三省,希望将退还的庚款用于东三省的实业开发,以其盈余再派遣学生赴美留学。1908年5月,柔克义收到美国国务卿关于美国国会正式通过退还部分庚款议案的电文,他却没有立即照会中国外务部,而是非正式通知外务部右侍郎梁敦彦,询问清政府是否仍履行三年前的承诺,真的将退款用于兴学,强调中方只有明确了这一点,才有助于美国政府早日退还部分庚款。

经中美政府协定,退款使用原则为用于中国教育事业。双方拟订的《派遣美国留学生章程草案》规定,自1909年起至1940年止,美方逐年按月退还庚款,作为派遣留学生及举办学务之用。清政府把第一次退还的庚款,主要用于留美教育及兴办清华学堂。在确定清政府能满足美国政府意图后,美国才于是年12月由总统发布退款令,退款计划才真正得以实施。1909年7月,清政府颁布《遣派游美学生办法大纲》,外务部和学部会奏在北京设立"游美学务处",附设"游美肄业馆",即清华学堂的前身,开始招考学生直接选派至美国学习,正式启动留美计划。游美肄业馆"原为选取各生未赴美国之先,暂留学习而设"。"此次派出留学生的目的在于获得充实的学习效果。派出的留学生中有百分之八十将专修工业技术、农学、机械工程、采矿、物理及化学、铁路工程、建筑、银行铁路管理以及类似学科。另外百分之二十将专修法律及政治学。"[①]

截至1911年,中方总共考选了三批赴美留学生180人,大都是国内各教会学校及省立高等学堂的青少年。1909年8月,在北京举行了第一次留美考试,录取金邦正、梅贻琦等47人,第二次留美考试1910年8月在北京举行,录取胡适、竺可桢、赵元任等71人。由于两次留美考选的学生仅118人,均不足每年百名定额,游美学务处体认到有长期养成教育的必要,1910年12月21日,向学部呈《请改游美肄业馆为清华学堂由》,将"游美肄业馆"更名为"清华学堂",定学额为500名,分为中等及高等二科,各为四年毕业。中等科毕业后,须经过甄别

[①]《柔克义公使致国务卿(鲁特)》(1908年10月31日),载清华大学校史研究室编《清华大学史料选编·第一卷:清华学校时期(1911—1928)》,清华大学出版社,1991,第105—108页。

考试才能晋升高等科。高等科毕业后亦须通过严格的考试才能派遣留美。①1911年4月,由游美学务处拟定,经外务部修改后与学部会奏的《清华学堂章程》获得清政府批复,清华学堂正式成立。

二、庚款退款的管理

美国政府在退还庚款余额的时候,规定了"先赔后退"的退款办法。美国最初退还的部分庚款,都委托美国在华花旗银行管理。花旗银行在事实上完全代替美国政府对退款实施控制和管理。中国政府必须每月按原数向上海花旗银行缴付赔款,再由美驻上海总领事签核,将剩余之款退还上海海关道转交中国外务部。中国政府收到"退款"后,又被要求存储在一个日后被称为"清华基金"的账户上。庚款"赔款""退款""存款"等事务,美国政府完全由其在华花旗银行托管。②

第五节 第二次退还庚款交涉与中基会的设立

辛亥革命后,游美学务处裁撤,清华学堂改为清华学校,由外交部单独管辖,然清华的经费及校政等重要事项,仍间接受制于美国驻华公使馆。1917年清华基金委员会成立,下设清华学校董事会,负责保管与处理有关经费。清华基金始终用于教育事业,并未因为政局的变化而被挪作他用,这样的管理及运用方式,为第二次退还庚款余额之运动树立了良好楷模。③

一、第二次退还庚款交涉

第一次世界大战爆发后,中国于1917年对德、奥宣战。战争期间,面对窘

---

① 苏云峰:《从清华学堂到清华大学 1911—1929:近代中国高等教育研究》,生活·读书·新知三联书店,2001,第15—16页。
② 清华大学校史编写组:《清华大学校史稿》,中华书局,1981,第5页。
③ 杨翠华:《中基会对科学的赞助》,台湾"中研院"近代史研究所,1991,第1—2页。

迫的财政危机,北洋政府向英、法、比、俄、意、日、葡等国提出,从1917年起缓付5年的庚子赔款,时限为1917年12月—1922年12月。1917年9月,英、法、俄等国同意缓付的请求。1918年底第一次世界大战结束后,根据和约,中国对德、奥两国的庚子赔款全行取消。在巴黎和会上,中国代表正式提出,要求各国在停付期满后退还这笔赔款。

受此及此前美国主动退还庚款和大战期间列强同意缓付赔款5年的启发,中国民间尤其是知识界发起争取各国退还庚子赔款专供我国推广教育事业的运动。中美两国的有识之士,开始酝酿第二次退还庚款活动。

1921年,美国参议员洛奇(Henry Cabot Lodge)最早于参议院提出第二次退还庚款余额的议案,参议院通过此案,但众议院顾虑各国援例拒付欧战时之借款,而将此议案搁置未决。此后,中美双方有关人士继续活动,希望美国政府能第二次退还庚款余额。

中国方面,外交总长顾维钧、驻美公使施肇基分别活动,或与在华美侨,或与美国政、教界人士交换意见。国内的教育团体也在争取第二次退还庚款余额活动中发挥了重要作用。中华教育改进社积极领导教育界人士参与退还庚款活动,督促北洋政府处理庚款退还问题,教育部也于1921年3月设立了"筹办退款兴学委员会"。

美国方面,除了参议员洛奇、众议员博特(Stephen G. Porter)、东方事务局局长马慕芮(J. V. A. MacMurray)在议会活动外,民间方面以哥伦比亚大学教授孟禄①最为热心。孟禄于1921年来华调查中国教育,与中国政、教界人士建立了良好关系,回国后积极参与退还庚款事宜。

---

① 孟禄(Paul Monroe,1869—1947年),美国教育家、教育史学家。生于印第安纳州,1897年获芝加哥大学哲学博士学位。1902年任哥伦比亚大学师范学院教授,1915年至1923年任该院院长。曾先后访问中国、菲律宾、日本、土耳其及南美诸国。1921年首次到中国,与中国教育界人士共同组织中华教育改进社,为名誉董事,并连续3年任中基会副董事长。返美后,在纽约创设中国研究所,自任所长。主要研究教育史,从心理学的角度探讨教育的起源,将古代儿童对成年人无意识的模仿视为原始教育的起源。亦重视中等教育的研究,强调自然科学知识的教学,主张采用设计教学法,注重练习和实验。20世纪30年代后期与杜威、爱因斯坦等美国学界名流一起积极营救因宣传抗日、争取民主而被捕入狱的中国"七君子"。主要教育著作有《教育史课本》(1906年)、《中等教育原理》(1904年)、《在演变进程中的中国》(1920年),并主编《教育百科全书》(1910—1913年)。参见教育大辞典编纂委员会编《教育大辞典》(第11卷),上海教育出版社,1991,第395页。

1923年12月,参议员洛奇再提退款案。1924年3月31日至4月2日,美国众议院为退还庚款举行听证会。与会者支持将庚款余额退还中国,希望用于中国的教育和文化事业。1924年5月,美国国会通过议案,决定将中国庚子赔款的剩余部分及利息共约1 200万美元退还中国。(1924年5月7日,美国众议院以退款用于我国教育文化事业为条件,表决通过了此议案。5月12日,参议院也通过了这一决议)5月21日,美国国会通过议案,授权柯立芝(Calvin Coolidge)总统批准交还中国庚子赔款余额议案,并由美国国务卿休斯照会中国驻华盛顿公使施肇基,将悉数退还庚子赔款余额,并指明庚子赔款必须用于发展中国教育文化事业。

据美国众议院外交委员会审查报告,第二次退还庚款,自1917年10月至1940年12月为止,本金为6 137 552美元,息金为6 407 885,总计为12 545 437美元,分20年交付。[1]

二、设立基金会的过程

自从第一次美国退还庚款开始,关于退款的用途成为中美双方政府的一个争议性问题。美国实施第二次庚款退款时,为保证退款不被中国政府拨入国库,经美国国务院同意,要求中国政府特设一个机构来进行管理。在第二次退还庚子赔款谈判活动中,中美双方有关人士已经开始考虑基金管理及运作问题了。国内军阀、退款国、教育界成为争夺退款的主要当事方。对于教育界利用庚款独立兴学的愿望来说,国内军阀与退款国两者都是一种非教育的政治干预因素,但在当时的国内外政治形势下,教育界没有实力保持独立,只能在二者之间做出有倾向性的选择,利用国内军阀与退款国之间的矛盾尽量实现教育界独立保管和支配庚款以兴学的目标。

早在1923年美国庚款尚未完全退还前,中国文化教育界就对庚款使用进行了思考。20世纪20年代初,教育界必须与觊觎退款以充军费的军阀当局展开直接和激烈的争夺。教育界初步达成共识,认为第二笔退款如果交给政府

---

[1] 杨翠华:《中基会对科学的赞助》,台湾"中研院"近代史研究所,1991,第5—6页。

(临时执政),很可能被用作内战军费。退款当脱离本国政治管辖,由教育界独立管理,用于教育。

"庚子赔款与教育"征文中有人指出,"(甲)中国现在军人干政,教育几无经费可言……(乙)中国政府借债度日,倘若退还的赔款再受他的管辖,必定拿充军费"[①],表达出教育界对政治当局的不信任。"吾国各界对于庚子赔款之归还后其用途,以情以理而论皆应用于教育学术上必皆同意","庚子赔款以之为提倡教育之兴奋剂:谋教育行政之初步,用之得当其效固未可限量也"。[②]

北洋政府时期,由于内战频繁,国库空虚,政府支出用于教育的经费非常有限。1912至1916年,全国公私立大专学校之每年经费不过500万元。[③]1918年全国教育经费预算约500万元,仅占总预算的1%,而军费则占33%左右。1920至1922年间,政府连续数月发不出教员薪水,北京国立八校师生进行了索薪运动,经过长期罢课和请愿,才勉强领到薪水。1925年奉系军阀掌控北京后情况更为严重,第二年7月顾维钧任财政总长时,因五家银行拒绝贷款,政府竟发不出薪水,军队登门索饷,北京大学和北京师范学院师生代表前来索薪,弄得顾氏焦头烂额,后恰得美国借贷,才告解决。可见教育经费困顿的情形,成为整个北洋政府时期的经常性问题。在此情况下,除了清华学校的经费来自美国退还的庚子赔款外,国立各校之发展完全无望,依赖私人捐助的南开大学也出现困难。[④]

但是美国退还庚款余额后,庚款用于教育的主张受到了军阀当局的挑战,军阀当局也找到多种理由想要吞并庚款,国内即有用于教育与实业之争。在争取庚款的过程中,围绕着退还的庚款是优先用于筑路,还是治淮,抑或是优先用于文教事业,教育界与实力派军阀发生了激烈的争执。

20世纪20年代中期,中国的国情是军阀割据混战,政局动荡不安,政府换届犹如走马灯一般。用庚款筑路,然后以铁路孳生的利息兴学,这是商界、政界一部分人的主张。在他们看来,铁路交通便利后,国内实业随之发达,国家课税

---

① 赵金源:《其七》,《教育杂志》1923年第6期。
② 张睦楚:《教育独立视野下的中华教育文化基金董事会困境研究》,《赤子》2014年第7期。
③ 《第一次中国教育年鉴》(第5册),开明书店,1934,第30—31页。
④ 苏云峰:《从清华学堂到清华大学 1911—1929:近代中国高等教育研究》,生活·读书·新知三联书店,2001,第88-89页。

大增,教育及其他公共事业自不致匮乏经费。"中国今日处此困境,譬如少年遭逢厄运,既未受教育,又缺乏衣食,以其赤贫如洗,两者不可得兼。试问少年于此,将何以决其取舍,将枵腹而谋入学乎？抑将先谋衣食而后谋教育乎？此一问题之答案,任何人皆能知之。"①"用来筑铁路,以为也可有相当的妥善保管方法;况且所筑的路……自然也可以脱政府而独立;如果我们最有力的特别机关保护现金的教育基金,就用这机关来保护筑路,也应有同一的效力。"②有人认为,以庚款办理中国文化事业,国立各大学皆自由政府给予之经费,如补充或替代其原来经费,即无异于奖励间接以教育经费,挪用于军事。③吴佩孚曾多次竭力主张用俄庚款修筑陇海铁路,用英美庚款修筑川汉、粤汉铁路,而且吴佩孚还迫使政府召开外交、财政、交通、教育四部会议具体商讨庚款筑路方案。

当时有学者对北洋军阀提出的"庚款筑路之收入能永久接济教育经费,较之直接支用赔款者为利多矣"此类堂而皇之的说辞尤为不满,反驳道"对于握有退款权的各国颇能得其赞助,惟在国内不能如军人那样可以压迫政府,难免政府不秉承军人意旨而移用",他们认为军人对外信用颇弱,退款权操之于外人,殊难必其胜利。退款筑路并不是一定不好,不过在眼前的中国时局中,以退款施用权授之军人,却颇危险。④

继而云南、广西、浙江、四川、湖北、江西、江苏等省,又相继提出庚款分配意见;而国内各机关、团体,纷纷向中基会请款补助者更是不计其数。对于庚款用途,可谓众说纷纭、莫衷一是。如何使有限的庚款资金得到最佳使用,为世人瞩目。

1924年6月24日,北京八校教职员、中华教育改进社、北京教育基金委员会联席会议发表宣言,声明:庚款清偿债务之后,全部用于教育,退还庚款的管理及分配使用,必须由教育界有资望、经验,并为公众所信仰者负责。1924年7月24日,全国教育联合会退还庚款委员会通电主张庚款应全部用于发展教育及文化事业,坚决反对以其他理由"垂涎攫取"。中华教育改进社也设立了"赔款

---

① 薛敏老:《庚子赔款当作何用》,《道路月刊》1924年第3期。
② 治熙:《关于庚款用途的几个疑点》,《现代评论》1925年第10期。
③ 张睦楚:《教育独立视野下的中华教育文化基金董事会困境研究》,《赤子》2014年第7期。
④ 朔一:《各国退还庚子赔款用途之争执》,《东方杂志》1924年第15期。

部",负责美国赔款方面的主任是蒋梦麟,他主张退还庚款充作"中美友谊基金",以供给13所国立高等学校,建图书馆、实验室、博物馆、体育馆、讲堂等之用。武昌文化大学图书馆主任韦棣华(M.E.Wood)女士作为外籍社员,更是致力于退还庚子赔款工作,她力主使用退还的一部分庚款开办公共图书馆。

但新闻界及社会公众对庚款用于教育却提出了尖锐的反对意见。他们抨击教育大家以及各关键人物大半是卖青年学生而求荣的,1924年《中国青年》刊文说"各教育大家借大学图书馆分去饱私囊也好,各国拿去做文化侵略事业也好,像与我们不发生关系一样的",并认为由于平民子弟没钱读书,因此恰当的做法应是:"还不赶速争回你们父兄血汗聚集的庚子赔款余额,来办你们的教育?你们便这样让那帮强盗骗子将这款项弄去么?"[1]他们对大学申请庚款也予以痛斥,1925年的《现代评论》一文认为:"大学既名为私立就不必祈求庚款之补助。今若因区区补助费用转受种种之限制,反为不美,同时复妨碍他方的发展。"[2]当时也有人对庚款用于文化教育的可能成效产生怀疑,竭力予以攻击,1925年《莽原》杂志有文说道:"亲善中国的美国,不是将庚款办起学校,以造就中国人才吗?但除掉有几个留美回来的能在跳舞场上大跳一阵的有本领人外,也看不到别的什么庚款买来的成绩","当时出钱的,是全国民众,而现在分款的却都成了上等人;什么东西南北的战费呀,某系某派的政费呀,教育基金呀,文化用途呀,什么呀……这就是退还庚子赔款吗?"[3]

面对来自政府和民间的众多批评和指责,处于酝酿阶段的中基会大多不予理会,美国政府和热衷发展中国文化教育事业的有识之士,一致认为此款最好用于发展中国的文化教育事业。中基会的运作不通过政府当局而由独立董事会完成。孟禄来华后,与中国政府及各种教育团体的代表人物充分协商,并大致按照他的思路,决定了庚款用途及其使用方针。

---

[1]大栋:《对于新学制与分配庚子赔款的抗议》,《中国青年》1924年第49期。
[2]张睦楚:《教育独立视野下的中华教育文化基金董事会困境研究》,《赤子》2014年第7期。
[3]有麟:《评论退还庚子赔款》,《莽原》1925年第14期。

第三章 中华教育文化基金会的组织机构及运行

中基会正式成立前,驻美公使施肇基就请哥伦比亚大学师范学院教授孟禄博士筹划中基会成立的一些细节问题,开始草拟章程。1924年9月,中基会正式成立后,在北京外交部召开了第一次会议,讨论并通过了中基会的章程草案,推举了临时董事长、副董事长、秘书以推动会务工作和其他事宜,开始着手组织工作和制度构建工作。在中基会的几十年发展历程中,建立健全各项有关制度一直是中基会的重点工作。

第一节　中基会的成立及主要董事人选

在退还庚子赔款的同时,孟禄希望能共同组织一个机构来管理退还的庚款,委员15人,其中美国人占1/3,中国人占2/3。孟禄曾与时任江苏省教育会副会长的黄炎培商讨此议函,也获得江苏省教育会的议决赞同。孟禄曾向美国国会参议院提交了一份意见书,重申退还庚款余额的必要性,并提出了组织教育基金会的计划大纲和构想。意见书中说:中国领袖人物和美国教育家、宗教家及服务社会诸人物,均一致主张,最好将退款储为基金,如嘉南琦基金、洛氏教育基金部、薛治基金等类财团;并且,大家都承认基金的一部分应该用作设立实用科学研究机关的经费。但是这个机关应该受基金部的指导,而所有需用经费也只能算为基金部的补助金;并不像清华学校那般独立的组织。基金部董事会可以由中美两国人合组,而中国人应占其多数。"①

中国政府最早委托美国专家孟禄、中国外交总长顾维钧、教育总长张国淦三人筹组董事会。由他们三人拟定的董事会章程共十条,将董事会正式命名为"中华教育文化基金董事会(China Foundation for the Promotion of Education and Culture)",并在1931年6月的第七次年会上,正式将简称定为"中基会"。

1924年9月17日,大总统曹锟任命中美董事14人,后由董事推荐,增补丁文江为董事,在10月3日正式任命。

1924年9月18日,中基会在北京外交部正式举行成立大会,由外交总长顾维钧代表政府致开幕词。

第一届董事会由5名美方董事与10名中方董事组成,都是政府有关部门要员、教育文化界的权威人士。首任董事由政府直接任命,此后则由董事会自行选举。

首届董事任期5年,每年改选1/5,由在任者抽签决定。中基会设主任或称干事长、董事长一人;副主任二人,中美各一;会计员或称司库二人,中美各一。推范源濂②为首任会长,美国孟禄为副会长,周诒春为秘书。中美董事为顾维钧、颜惠庆③、施肇基、范源濂、黄炎培、蒋梦麟、张伯苓、周诒春、郭秉文、丁文江、孟禄、顾临(Roger S.Greene)、杜威(John Dewey)、贝克(J.E.Baker)、贝诺德(C.R.Bennett)15人,并推举施肇基、顾临、孟禄组成在美接洽事宜委员会。

中基会第一任干事长为教育家范源濂,任鸿隽任专职秘书。根据范源濂的描述,董事会每年开会两次,下设财务委员会。以后历届董事均由选举产生。

---

①杨翠华:《中基会对科学的赞助》,台湾"中研院"近代史研究所,1991,第5页。

②范源濂(1875—1927年),字静生,湖南湘阴人,早年就读于湖南长沙时务学堂,后赴日本留学,毕业于日本政法大学政法科,攻读博物学。回国后任学部主事,组织国民促进会、尚志学会,并由学部推荐出任游美学务处会办。民国初年任教育部次长,蔡元培辞职后接任教育总长,后又出任段祺瑞内阁教育总长。1917年,他力荐从欧洲留学归来的蔡元培担任北京大学校长,使北大得到彻底改造。1923年7月出任北京师范大学首任校长。参见程新国:《庚款留学百年》,东方出版中心,2006,第53—54页。

③颜惠庆(1877—1950年),上海市人,字骏人,美国弗吉尼亚大学毕业。1912年后,历任北洋政府外交部次长、外交总长、内务总长等职。1926年任国务总理并曾摄行总统职权。南京国民政府成立后,历任驻美、驻苏大使和出席国际联盟大会首席代表。抗日战争时期在上海从事慈善和教育事业。1949年2月和章士钊、邵力子、江庸等以私人资格去北平、石家庄与中国共产党商谈和平问题。同年秋,应邀参加中国人民政治协商会议第一届全体会议。中华人民共和国成立后,任华东军政委员会副主席、中央人民政府政治法律委员会委员等职。

第一届5名美国董事皆为与中国教育界有密切关系的著名人士：

孟禄，美国哥伦比亚大学教授。任董事时间：1924—1944年。

杜威，美国哥伦比亚大学教授，应胡适邀请在中国讲学18个月。任董事时间：1924—1926年。

顾临，美国洛克菲勒基金资助的北京协和医学院代理院长。任董事时间：1924—1947年。

贝克，中国华洋义赈会会长。任董事时间：1924—1946年。

贝诺德，花旗银行北京分行美方经理，中国华洋义赈会董事。任董事时间：1924—1946年。

在杜威之后，又有韦洛贝（W.W.Willoughby）及司徒雷登（John Leighton Stuart）任董事。韦洛贝任董事时间：1926—1927年。司徒雷登，燕京大学创始人。任董事时间：1927—1953年。

第一届10名中国董事由高级外交官、银行家、科学家、教育界的知名人士等组成：

顾维钧，美国哥伦比亚大学国际法和外交博士。北洋政府外交总长。任董事时间：1924—1929年；1951—1974年。

颜惠庆，留学美国就读高中及大学。高级外交官，曾任外交总长。任董事时间：1924—1929年；1940—1945年。

施肇基，美国康奈尔大学文学硕士、哲学博士，驻英公使、驻美公使。任董事时间：1924—1947年。

范源濂，北京师范大学校长。任董事时间：1924—1927年。

黄炎培，中国近代职业教育的创始人和理论家。任董事时间：1924—1927年。

蒋梦麟，哥伦比亚大学哲学和教育学博士，师从杜威。第三中山大学、北京大学校长。任董事时间：1924—1930年；1940—1965年。

张伯苓，曾在哥伦比亚大学师范学院研修高等教育。南开大学校长。任董事时间：1924—1929年。

周诒春，曾就读美国威斯康星大学和耶鲁大学，获硕士学位。1913—1918年任清华学堂校长，20世纪20年代起历任中孚银行北京分行经理、全国财政整理委员会秘书长等职。任董事时间：1924—1952年。

丁文江，毕业于英国格拉斯哥大学，研究动物学和地质学。农商部地质调查所主任。任董事时间：1924—1927年；1933—1936年。

郭秉文，哥伦比亚大学师范学院教育学博士。南京高等师范学校校长。任董事时间：1924—1929年。

以后的董事会董事有：蔡元培（1927—1940年）；胡适（1927—1962年）；翁文灏[①]（1928—1930年；1936—1951年）；孙科（1929—1974年）；伍朝枢（1929—1933年）；李煜瀛（即李石曾，1929—1940年）；汪精卫（1929年）；任鸿隽[②]（1929—1951年）；赵元任（1929—1930年）；金绍基（1930—1945年）；徐新六（1930—1939年）。

范源濂被推荐为中基会干事长后，由于事务繁多，1926年又重新出任北京师范大学校长，任鸿隽于该年9月任中基会专职秘书后承担起更多的工作。此后任鸿隽成为中基会的得力干事，为中基会工作的成功开展付出了辛劳。任鸿隽曾回忆1925年8月重返北京去中基会工作时的心情："吾自民国七年返国，以发展科学之重要强聒于国人之前，顾响应者寡，尝苦无力以行其志。今得此有力机关，年斥百余万金钱，以谋科学事业之发展，是真吾所癖寐以求，且以为责无旁贷者也。"[③]

[①]翁文灏（1889—1971年），浙江鄞县（今属宁波）人。字咏霓，清末留学比利时卢汶大学，获理学博士学位。1912年回国后，曾任北洋军阀政府地质农商部调查所所长，清华大学代理校长等职。抗日战争时期，历任国民党政府行政院秘书长，资源委员会主任委员，国民党政府行政院副院长。1948年4月任国民党政府行政院院长。1949年任国民党政府总统府秘书长。中华人民共和国成立后，曾任中国人民政治协商会议第二届、第三届全国委员会委员，中国国民党革命委员会中央委员、常务委员。著作有《中国矿产志略》《甘肃地震考》《地震》等。

[②]任鸿隽（1886—1961年），字叔永，1886年生于四川垫江（今属重庆），18岁参加科考，成为末代秀才，后入读上海中国公学，之后赴日本留学并加入中国同盟会。辛亥革命后任总统府秘书处秘书，之后留学美国康奈尔大学，并与杨杏佛、胡明复、赵元任等人发起成立中国科学社，创办《科学》月刊。1925年任中基会专职秘书之前，曾任教育部专门教育司司长，北京大学化学系教授、上海商务印书馆编辑，1923年冬受东南大学校长郭秉文邀请任南京高师化学系教授、副校长等职。1925—1935年任中基会专门秘书、董事、干事长，以及中基会赞助的北海图书馆（后改为北平图书馆）委员会委员长，静生生物调查所委员会委员长。1935年成为四川大学校长。从任鸿隽的职位和职责来看，其实际是中基会的执行领袖。在近代中国，任鸿隽较系统提出"发展科学为吾国之生命线"，是较早热心提倡科学、主张以科学立国的中国人之一，并将其极富远见的思想付诸实践。

[③]任鸿隽：《五十自述》，载樊洪业、张久春选编《科学救国之梦——任鸿隽文存》，上海科技教育出版社、上海科学技术出版社，2002，第686—687页。

中基会成立后,中美两国政府表面上好像都已置身局外,但章程中另有规定,在中基会举行会议时,中国的外交部长、教育部长和美国驻华公使,得派代表到会视察。所通过的决议、制定的计划,中方将"乐于"送美方斟酌考虑。这就表明该机构的决策权实际上仍控制在美国人手里,尚不论中方10位董事中有7位是美国留学归国人员。①

根据1924年中基会成立时确立的董事会章程,该会的主要任务是负责接收与保管、分配、使用美国第二次退还的庚款余数,并使用该款促进中国教育及文化事业。②

第二节　中基会第一次年会的召开及组织机构的初步确立

中基会成立后,1925年6月在天津召开了第一次年会。会中首先通过了董事会章程,章程中明确规定了中基会设立的目的,明确规定中基会使用美国退还的款项,旨在"促进中国教育及文化之事业"。

图3-1　中基会第一次年会,1925年6月3日,北京

---

① 李致忠:《中华教育文化基金会与国立京师图书馆》,《国家图书馆学刊》2008年第1期。
② 1939年以后,民国政府停止支付庚子赔款,至1943年《中美新约》签订后,此项赔款正式终止。但是中基会凭借着自身存积的基金,以及接受委托保管的各项基金,例如清华大学基金、静生生物调查所基金、中国政治学会图书馆基金、丁文江纪念基金等,其大部分的资助工作仍继续进行。参见杨翠华:《中基会对科学的赞助》,台湾"中研院"近代史研究所,1991,前言,第3页。

第一次年会讨论通过了基金的用途、分配款项的原则、董事会会务细则,选举产生了董事长、副董事长、干事长以及秘书、会计等职员,并规定了各自的职责:董事长为一切会议之主席,凡会中一切会议,董事长都有出席表决之权,秘书的职责在于记录开会决议,会计负责保管中基会基金、掌管董事会授权之款项支出、审查账目报告等。这次年会设立了执行委员会和财政委员会,办理与该会相关的一切事务及执行董事会随时指定或托付的事务。

为了有效地管理和使用资金,中基会对于基金的管理、分配和申请途径、方式以及监督基金的用途等均做了详细规定,并有相应的机构分别执行有关事务。如此,中基会的经费使用制度逐渐完备。

首先,在资金的申请上,有一系列比较严密的制度。申请补助的机关或单位要按照中基会的要求填写请款书:

中华教育文化基金董事会接受请款书通则
(1926年2月)

一、凡请款者须于本会法定会期两个月以前,将请款书交到本会。其逾期送达者,应归入下届开会时讨论。

二、缮具请款书时,应行注意之各点:

甲、请款目的须以本会分配款项原则为限。

乙、请款书中须开具左列之各要点:

(一)机关名称及地址

(二)用途及计划

(三)请求数目

临时费　　　　　经常费

丙、须按照本会拟定之调查表逐款填明。

丁、须缮就中文请款书十二份,英文请款书六份。

三、其请款书业经本会接受之各机关,本会派员前往视察与否,得由干事长(注一)商同执行委员会(注二)斟酌情形,随时决定。

四、凡给予补助之机关,在规定付款年限内,不得向本会额外请求,或增加原额。

(注一)干事长系本会董事会投票选出(被选者不论是否董事)为本会执行领袖,凡议案经董事会议决后,交由干事长负责执行。

(注二)执行委员会系由本会董事三人及董事长组织而成。三委员于六月中年会时,由董事会投票举出。在董事会不开会期内,执行董事会所随时指定或付托之职权。

本通则第一条于民国十五年十二月改订,文曰:"一凡请款者须尽于每年二月底以前将请款书交到本会,其逾期送达者,应归入次年六月常会时讨论。"此项条文,当经登报通告实行。

〔北洋政府教育部文化系统档案〕①

其次,在补助金使用上,中基会形成了公开透明的管理体制和制度。如果因为某种原因,补助的款项没有使用,要还给中基会。中基会的规定如下:

(1)按季度发放补助金,要求受补助机关(个人)报告年度工作,并规定获补助的机关(个人)在补助期内如无相当成绩,该会就随时停发补助金。

(2)获研究补助金的人若无特殊原因,三个月内还没开展工作,或提前结束工作,则节余下的钱就由该会另作它用。

(3)受补助(或受聘)者不得兼任其他有薪职务,一经发现违反者,立即取消其资格;与受款、给奖有关的中基会成员应回避参加讨论;或不能取得有关资格;等等。

(4)接受补助的机关,要定期向中基会汇报工作的进展及账目的收支情况。对于来函汇报其工作及收支账目的机关,中基会会一一严格审查;对因账目未齐或其他原因未来函表明情况的机关,则会及时去函接洽。

(5)对于各机关的账目,中基会除了进行详细的分类外,为了方便各方面的监督,"每年印有详细的报告,都有中外会计师的审查报告的证明,国内外的公共图书馆都藏有此项报告书"②。中基会每年刊行中、英文版的报告,将所有工

---

① 中国第二历史档案馆编《中华民国史档案资料汇编(第三辑·教育)》,江苏古籍出版社,1991,第829—830页。

② 胡适:《致探讨与批判社》,载《胡适全集·第24卷·书信(1929~1943)》,安徽教育出版社,2003,第131页。

作情况、账目(附查账员报告)等分门别类,一一详细公布于众,不但上交政府有关部门备案,而且所受补助的机关也均获得该会报告。①

第三节 中基会方针与原则的确立

由于美国政府对中国的庚子退款是有条件的退款,因此美国政府关于退款基金的使用意见也直接影响了中基会资助原则的形成。

早在美国与中方商谈有意退还庚子赔款余额前后,美国政府就向中方声明拟将此项退款用于教育文化事业,尤其注重科学教育,并致函驻美公使施肇基决定"在委员会没有决定用款办法以前,暂时不退"。受美国政府委托,孟禄博士多次来华协商退款的使用问题。

1925年1月,孟禄来华商谈中基会方针问题。孟禄博士明确表示,美国庚子赔款只能供教育文化之用,是美国国会议决的,决不能作别的用途;并提出了著名的"三当用四不当用"原则,即当用于农村教育实验、当用于科学教育的改进、当用于最优良的理工学校的设置;不当用于政府已办的教育事业、不当用于补助暂时而不能持久的事业、不当用于举办与现有学校竞争的机关、不当用于扩充学校场所。②在中国政府承诺,保证按照美方意见使用退款的情况下,1925年7月美方才正式通知中国有关部门,按计划把退款返还中国。

与此同时,庚子退款的使用方向也受到国内一些教育、科学团体的影响。中华教育改进社、中国科学社、中国地质学会等团体纷纷发表意见,最终形成了中基会基金用途的基本原则。也就是说中基会基金使用原则是中美两国政府和有关利益团体博弈的结果。

1924年6月14日,美国国务卿休斯正式将美国退还庚款的决定通知了中国驻美公使施肇基。施肇基按中国政府指令,随即向美国政府声明,中国政府期望将退款事宜委托由中美人士联合组成的董事会办理,声称:

---

① 曹育:《中华教育文化基金会与中国现代科学的早期发展》,《自然辩证法通讯》1991年第3期。
② 韩芳:《中基会成功的经验及启示》,《兰州学刊》2009年第5期。

美国于1908年第一次退还庚款,使得中国政府得以自由用于教育之目的,其试验之结果,使中国政府确信此种方向乃明智之举。对于目前美国政府退还之余额,中国政府仍继续从前之政府办理,惟应时势及经验之需要,需做变更。近年来中国科学教育需要甚殷,中国政府本贵国之盛意,将退还之庚款,悉用于教育及文化事业,而特别侧重于科学之需要。且本国政府之意愿,欲将办理退款事宜,委之于中美人士合组之董事会,并已聘请专家,规划细节。俟规章拟定,必呈台端请阅。[1]

施肇基代表中国政府再次对退还庚款将用于教育和文化事业,做了规定性的说明,尤其强调将用来推动科学研究和科学教育。这一宗旨在1925年6月2日中基会第一次年会上得到确认。年会对中基会工作的具体办法,作了两项决议。

第一项决议,明确中基会所管理的美国退还之赔款"应用以(1)发展科学知识及此项知识适于中国情形之应用,其道在增进技术教育,科学之研究,试验,与表证,及科学教学法之训练;(2)促进有永久性质之文化事业,如图书馆之类"[2];即以发展自然科学的研究、应用、教育以及图书馆事业为工作方针。中基会资助的文化教育事业的范围主要限定在科学教育、科学研究和科学应用以及永久性的文化事业等方面。

第二项决议案决定设一固定基金,"其数目应使连目下已积存之数及以后每年附加之数,至二十年后凑成一种基金,足生每年约美金五十万元之收入"[3]。这项决议目的在于保证每年可以动用的基金不少于50万美元,并能使该基金在美国退清庚款余额之后,继续以一种新的基金资助科学文教事业。此后被忠实恪守,历经数十年未变。

董事会首先确定了以下补助原则[4]:

一 本会分配款项,概言之,与其用以补助专凭未来计划请款之新设机关,

---

[1] 杨翠华:《中基会对科学的赞助》,台湾"中研院"近代史研究所,1991,第10—11页。
[2] 《中华教育文化基金董事会第一次报告》,1926,第3页。
[3] 《中华教育文化基金董事会第一次报告》,1926,第3页。
[4] 《中华教育文化基金董事会第一次报告》,1926,第27页。

毋宁用以补助办理已有成绩及实效已著之现有机关。

二　有因本会补助，可以格外努力前进，或可以多得他方之援助者，是种事业，本会更应重视之。

三　本会考虑应行提倡之事业时，对于官立私立各机关不为歧视。

四　本会分配款项，对于地域观念应行顾及，其道在注重影响普遍之机关，如收录学生遍于全国，或学术贡献有益全民者，皆在注重之列。

五　本会分配款项，应规定期限，到期继续与否，由本会斟酌再定。

六　本会分配款项，须先经干事长详慎审查，遇必要时，得征集专家意见，或请其襄助审查。

该会请各学术界知名学者组成调查团，赴实地对申请补助的机构进行考察，以决定哪些机构应受补助和补助程度。当时在国内确有成绩的学校、研究机关和优秀的科研人员无不先后受到该会的补助。补助是分散的，照顾到了学科和地区分布，又是相对集中的，不少有影响的学校、机构受到该会的长年补助。

因此，按照中基会的议决案，受到资助的科学事业的范围可主要分为三类：

第一，关于科学研究的，即所谓科学之研究、试验及表证。

第二，关于科学应用的，即所谓增进技术教育，包括农、工、医等科在内。

第三，关于科学教育的，即所谓科学教学法之训练。

在任鸿隽看来："以上三类，就科学本身看来，无疑地以科学研究为最重要。因为设如没有科学的研究，便不能有科学的应用。而且科学的应用，也时时要经过一番研究工夫。至于科学教学，虽然也是科学的根基，究竟是科学前期的训练。所以我们不能忽略科学的教学，但不能以科学教学为提倡科学的止境。"[1]

尽管该会所指的科学，包括自然科学和社会科学，并且是通过自办、合办文化科学教育事业及补助有关机构的方式来具体实施上述任务的，但该会的工作重点是资助自然科学的研究和教学。"这个原则，消极方面，固可以阻止以要钱

---

[1] 任鸿隽：《十年来中基会事业的回顾》，《东方杂志》1935年第7期。

为目的的投机家;积极方面,也可以使成绩优良,信用昭著的机关,愈容易得到发展的机会。严格说来,虽然近于锦上添花,大体上看,还算是'因材而笃'。基金会本非慈善机关,这样的一个原则,不但是必要,而且是应该的罢。"①

自此,中基会一直专注于推动中国教育、学术的发展。其款项分配,主要用于科学教育、科学应用和科学研究等方面。其中科学教育最受重视,仅科学教席和科学教育顾问委员会,即占自办费用的40%以上。②无论是早期中基会致力于改进中学科学师资、教学及编译科学教科书,还是20世纪30年代以后逐渐将补助重点转向大学,中基会基金用于教育文化的基本方针始终未曾动摇。"中基会的分配款项,有一个'主要政策',是图吾国自然科学的发达,要图自然科学的发达,所以要设立科学研究教席、设立调查所、设立一个较大的参考图书馆,而不主张设立许多分散的民众图书馆。"③

中国科学社、中国天文学会、远东生物学会、考古学会、中国地学会、中国地质学会、中国气象学会七个团体决议庚款须用于教育学术事业;中国科学社认为赔款用途限定于教育与文化方面,并对用赔款筹办科学研究事业做出重申④;另外,全国教育联合会、中华教育改进社、国立北京八校、国立八校教职员联合会、东南大学、广东大学、中国科学社、中国地质学会、退还庚子赔款委员会九个团体代表,联合发出声明:坚决反对以庚款筑路,必须直接用为教育基金。⑤

诚然,国内教育团体对庚款预设的用途与使用原则与美方大抵相近,但确切来说,单就美国一方,各派代表基于教育文化事业背景考虑,却又有不同的意见。有主张补助美国人在华商业的,有主张用款项偿还中国外债的,更有在华的教会人士主张办理教会事业的⑥,但美国国会讨论的结果,仍一致主张用于中国文化及教育事业。曾于1921年来华调查中国教育并积极推进退款事宜的孟禄,首先强调有关管理政策及庚款用途方面的事宜完全由董事会决定,美国政府绝不想这笔款附有何种用途的条件而幕后操作。这笔退款既然取之于中国

---

① 任鸿隽:《十年来中基会事业的回顾》,《东方杂志》1935年第7期。
② 卫道治主编《中外教育交流史》,湖南教育出版社,1999,第235页。
③ 胡宗刚:《关于中基会——档案中的历史》,《东方文化》2003年第6期。
④ 任鸿隽:《中国科学社对美款用途意见》,《申报》1924年7月1日。
⑤ 杨翠华:《中基会对科学的赞助》,台湾"中研院"近代史研究所,1991,第7页。
⑥ 《中华教育文化基金董事会成立与孟禄去华》,《教育杂志》1924年第10期。

人民,就应该用之于中国人民,他认为基金会正式决议前冠有"教育文化事业"这一宣言,亦纯为恪循中国教育界意思而防止此笔款项误用于军事或不正当的用途,至于具体办法的决定,应完全委任于新成立的中基会,由于此基金会不受政治的影响而直接接受人民的管理,才得以保存一宗永久的基金。

为此,孟禄认为该款项不当用于以下四项:维持政府已办之教育事业,或支付国立学校教职员之薪金,否则政府不仅将教育方面支出移作别用,还会将从前积欠一笔勾销;补助暂时而不能持久的事业,而应增加教育方面之实力;兴办与现有学校竞争的教育机关,而应力求在效果和质量上提高;扩充学校场地。[①]孟禄建议退款应该主要用来推动三项事业:

(1)农村教育之试验;

(2)科学教育之改进——借着培养师资的间接方法来改良中学的科学教育;

(3)最优良的理工学校之设置,以作为全国科学教育的模范。[②]

孟禄认为当下中国虽然有工业学校,但是流于肤浅,对于化学、农林、矿产等科学,亟待设立专门大学专注科学研究并以资实用,这样才能在中国本土上建造起一所中国式的麻省理工学院。孟禄在调查中发现,中国优良中学极少,原因在于科学教育极为落后。他批评说:"科学教授,中学缺点太多,教法既不善,设备亦不讲求。"[③]因此中学必须加强科学课程即生物、物理、化学等科的教学。他认为:中学教育的精髓,全在科学。中国传统教育素来不重视科学教育,而中国要想政治上完全独立,发展工业、商业、农业、外交、军事等,都有赖于科学的发展。[④]"科学教学与社会有重大的关系,现在文明的社会与未开化的社会之区别,即在科学上。因为科学智识之用途,就是使人可以操纵天然。从政治方面看来,将来使中国完全独立,即在科学……中国要享独立的权利,必得养成

---

①《孟禄博士对于庚款用途之意见》,《教育杂志》1925年第2期。

②袁希涛:《庚子赔款退还之实际与希望》,载邵爽秋等选编《庚款兴学问题》,教育编译馆,1935,第18—20页。

③《孟禄与各地人士的谈话:孟禄博士与天津教育界谈话》,《新教育》1922年第4期。

④陈竞蓉:《孟禄与20世纪20年代的中国教育》,《河北师范大学学报》(教育科学版)2004年第1期。

科学上的专门人才。"①所以科学对于中国尤为重要。中国当务之急就是发展科学,培养科学家。

时任洛氏基金会中华医药董事会驻华代表的第一届美方董事顾临却与孟禄的想法大为不同,他认为孟禄所提乡村教育只应在现有的学校中做小规模的推动,任何大型计划会将中基会资源耗尽;对于应用科学与纯粹科学谁更应重点发展,其也有不同意见。顾临尤其反对孟禄所提的建造一所应用科学学校的建议,他认为一所高标准的理工学校所需要的经费绝对超出中基会所能提供的支持范围,并对款项的使用限定在教育文化事业做了补充说明,他认为这些事业应该包含公共图书馆、乡村教育、遣送留学生以及加强对留学生的辅导管理,而最重要的是促成中国教育制度的统一,还应创办一个教育基金,对各国退还的庚款进行统筹管理,以避免混乱。②马慕芮对顾临的说法表示出不同意见,他认为无论是从退款的先后性,还是从对慈善事业的重要性方面来看,美国都有着他国无可比拟的领导权力,并且联合各国庚款委员会势必会困难重重,对中国的教育发展也不会有什么好处。③

杜威则采取相对"保守中立"的立场,他对孟禄所提的以退款来发展中国理工教育的建议持反对意见,尤其不赞成促成科学研究,但主张从乡村教育或是职业教育开始,对教育进行从下至上的改革。对庚款的使用一直感兴趣的韦棣华女士也在积极奔走,她所主张的图书馆运动一直在持续中。韦棣华女士主张设立民众图书馆;部分美国教育界人士提出组织一个"中美大学"的建议,却遭到燕京大学校长司徒雷登的强烈反对;美国自然历史博物馆馆长奥斯朋请求在北京建造一所关于美国自然历史的博物馆。

美方对此笔款项的用途持有的不同看法,在一定程度上影响了后期中基会对于用款原则的制定,即使如此,中方代表对如何使用款项,仍然持不同的意见。中国科学社社长任鸿隽早在1924年初即对庚款进行活动,并指出部分建议之目的过于单纯且未能得到大多数人之赞助。而其时多数不约而同之主张,则为发展中国之科学事业。只是朝夕不遑汲汲以求者,则发展科学,须用大宗

---

① 陈宝泉、陶行知、胡适编《孟禄的中国教育讨论》,实际教育调查社,1922,第43页。
② 杨翠华:《中基会对科学的赞助》,台湾"中研院"近代史研究所,1991,第8页。
③ 杨翠华:《中基会对科学的赞助》,台湾"中研院"近代史研究所,1991,第9页。

款项，在财政拮据之中国，此经费问题不易解决耳。[①]多年以后，任鸿隽回忆道：不过这会的名称，不为"中美……"而为"中华……"，还表示这个机构完全是中国的。这不能不说是美国人对于我方的尊重。话虽如此，这笔款子终是有条件的退还的。既是有条件的退还，自然要受条件的限制。限制的条件有两个：一是管理权的限制。这笔款子，根据两国的了解，只有中基会有支配的全权。二是用途的限制。根据中基会的章程及议决案，只有在某种事业范围之内，得支用这笔款子。这是就款项性质而言。就中基会本身说，它的责任显然有两重：一是保管基金，按照章程，该会应"酌量保留该款（退还庚款）之一部分为基金，以其收入充本会目的事业之用"；二是支配款项，在章程上也有"使用该款于促进中国教育及文化之事业"的规定。[②]他指出当孟禄博士来华接洽退还赔款的时候，教育界中提出用款计划的情景，可谓是"风起云涌"，但都不足以适应当时中国的需要，正是由于中基会独立决定了一个"为而不有"的原则——其目的只是要以"有限的财力谋最大最良的效果"，才使得中基会的补助卓有成效。

第四节　中基会的运行机构

中基会主要按照预定章程对各项教育文化事业进行补助。中基会的组织运作以1924年9月所通过的章程为基础，再辅以办事规程和各项办法及要则。其最高的权力机关是董事会，由中美双方十五人组成。其中十人为中国人，五人为美国人。最初的董事由中国政府委派，1927年6月29日召开第三次年会，以抽签方式决定任期，通过黄炎培、丁文江、韦洛贝之辞职，选举了蔡元培、胡适、司徒雷登为继任董事，并签订了董事任期。此后每年有董事三人任满，由董事会自行选举继任董事。原则上每位董事的任期是五年，但是这项规定除了在中基会改组时发挥了关键性的作用以外，对此后董事的任期并没有约束力。[③]美方董事主要负责监督从美国政府定期得到的基金是否用于可靠的投资，同

[①] 任鸿隽：《中基会与中国科学》，《科学》1933年第9期。
[②] 任鸿隽：《十年来中基会事业的回顾》，《东方杂志》1935年第7期。
[③] 杨翠华：《中基会对科学的赞助》，台湾"中研院"近代史研究所，1991，第33页。

时协调各方关系,敦促基金会正常运转;中方董事实际操作董事会的决策执行。

中基会的执行机构为执行委员会(简称"执委会")。由于中基会执委会会议大多牵涉经费问题,所以执委会会议均与财政委员会会议联席举行。

在资金管理方面,中基会除了将首次庚款用作基金存放外,还通过证券投资获得收益。由于管理得当,中基会还通过代管基金获得了收益。例如用于办理清华学校与派遣留美学生之经费的美第一次退还的庚款基金、静生生物调查所基金、中国政治学会图书馆基金、范太夫人生物学奖学基金与丁文江纪念基金。

为了更好地使用庚款基金,避免徇私舞弊现象的发生,中基会在实际工作中坚持秉公办事,并将资助项目和发放资金全部公开,而且所有计划方案都先征求董事会意见并获得批准。正如任鸿隽在辞去干事长后写的《五十自述》中所言:"使吾生当承平之世,得尸位一基金会之执行领袖,目击所创办之教育文化事业,继长增高,日就发达,亦可以自慰以终余年……中基会之事业,每年具有中英文报告公诸世界。其所建树是否合于该会组织之目的,愿明眼人平心论之。"[1]

---

[1] 近代史资料编辑部编《近代史资料》(总105号),中国社会科学出版社,2003,第17页。

第四章 中华教育文化基金会初期工作之开展（1925—1927年）

中基会成立后不久便开始了运行工作。中基会初期的主要工作一方面是自身组织机构和制度的建设,另一方面是开始着手制订各项资助工作计划。这一时期的重要工作是在1925年9月28日召开的第一次执委会上,决定与教育部合办国立京师图书馆,通过了促进科学教育和科学研究办法,启动了科学教席和研究教席计划。

第一节 中基会初期的机构及董事

中基会成立后很快就开始了机构的运行。美国开始把积存的庚款转交给中基会。1925年7月,中基会收到了由美国财政部转来的第一笔庚款余额。1925年7月28日,中基会在北京正式成立了干事处,具体的资助工作和业务开始启动。[①]

中基会通过数次年会,确立了中基会的主要任务、机构设立和人员聘任等工作。1925年6月召开的第一次年会,除了确定庚款用途、分款原则、会务细则等事项外,还选举了董事会职员,并成立了执委会。1925年9月,干事长范源濂聘任任鸿隽为执行秘书。任鸿隽早年为留美"稽勋生",归国后在教育部、北京大学、东南大学等重要机构任职,在南北学术界均有相当的人脉和影响力,在学术上亦有一定建树和威望。

1926年6月24日召开了第二次年会,通过了干事长、会计及执委会报告,会

[①] 1927年4月7日,中基会由租借的会址(北京石驸马大街42号)迁往南长街22号购置的会所。

议还修改了会务细则,决议每年2月举行常会,8月举行年会,并选举职员。在1926年2月26日召开的第一次常会上,由于杜威辞职,韦洛贝被推举为继任董事。

1927年6月29日召开了第三次年会,董事会成员发生了调整变动。通过了黄炎培、丁文江、韦洛贝的辞职申请,选举蔡元培、胡适、司徒雷登为继任董事。干事长范源濂因病离职,推举周诒春代理干事长。

在1928年6月29日的第四次年会上,选举翁文灏为中基会董事,选举周诒春为干事长(范源濂已于1927年12月23日病逝),任鸿隽为副干事长。

在1929年1月4日召开的中基会第三次常会上,人员亦有变动。

中基会组织机构及其职员表(1929年)[①]

(一)董事会

  董事长:蔡元培

  副董事长:孟禄、蒋梦麟

  名誉秘书:胡适

  名誉会计:贝诺德(顾临代)、金绍基(兼执行委员)

  执行委员:赵元任、顾临

  董事:司徒雷登、伍朝枢、任鸿隽、贝克、李煜瀛、施肇基、孙科

(二)干事处

  干事长:任鸿隽

  执行秘书:孙洪芬

  秘书:张廑、王启常、余上沅、白敦庸

(三)科学教育顾问委员会

  委员长:胡适

  副委员长:张准

  委员:王琎、竺可桢、赵元任、姜立夫、丁文江、陈源、胡先骕、丁西林、闻一多、陈寅恪、傅斯年、胡经甫、任鸿隽

[①]《中华教育文化基金董事会第四次报告》,1929,第55—58页。

(四)科学研究补助金及奖励金审查委员会

　　委员长:林可胜

　　委员:翁文灏、钱崇澍、颜任光、窦威廉、胡经甫、任鸿隽

(五)社会调查所委员会

　　委员长:任鸿隽

　　书记兼会计:陶孟和

　　委员:范锐、刘鸿生、何廉、陈达、章元善、丁文江、戴乐仁

(六)社会调查所

　　所长:陶孟和

　　研究主任:裘开明

(七)国立北平图书馆委员会

　　委员长:陈垣

　　副委员长:马叙伦

　　书记:袁同礼

　　会计:孙洪芬

　　委员:蔡元培、傅斯年、任鸿隽、周诒春、刘复

(八)国立北平图书馆

　　馆长:蔡元培

　　副馆长:袁同礼

(九)静生生物调查所委员会

　　委员长:任鸿隽

　　书记:翁文灏

　　会计:王文豹

　　执行委员:江庸、祁天锡

　　委员:陈宝泉、范悦、丁文江、周诒春

(十)静生生物调查所

　　所长:秉志

　　植物学教授:胡先骕

　　动物学副教授:寿振黄

第二节　建立、健全机构组织和管理制度

为了有效地开展工作,中基会首先开始完善制度和内部组织、机构的建设。这一时期的主要工作之一是建立和健全内部制度和发展计划。

一、建立和健全内部制度和发展计划

中基会作为一个新型的社会机构,在中国近代社会的复杂情形下如何有效地管理并使用好这项资金,显然不是件轻而易举的事情。在当时的中国并无现成的经验,因此,中基会的此项探索,无疑对其他来源的庚子赔款的运行有着重大影响。因此,中基会的董事们在如何成功运行上面临着巨大的压力。如基金会干事长范源濂所说:"美国退还庚子赔款将为各国退还赔款之先声,故中基会不可不为将来此种组织树一模范。"[①]任鸿隽也认为:"吾国近来教育事业之无成绩,率委过于经费之不足,今既有款矣,吾人将拭目以观事业之成绩。"[②]于是,任鸿隽与范源濂在中基会的使命方面达成了共识:中基会不应该仅作为一个基金管理部门,它还应该成为现代科学教育强有力的推动者,充分发挥其开创性作用。这一认识成为中基会工作的基本方针和原则。

这个时期在中基会干事长范源濂的主持下,在任鸿隽的协助下,逐步确定了资助事业的范围和拨款原则,成为此后中基会发展的方向。

1926年1月27日的第三次执委会会议,通过了会计规程。在同年召开的第一次常会上通过了干事处、执委会与财政报告,并制定了筹办及补助事业的各项计划。同年2月,中基会对基金分配款项作了补充规定,通过了发给补助费、接受请款书通则。在1926年3月26日召开的第四次执委会会议上,通过了社会调查部、华美协进社的章程及预算。在同年6月18日召开的第五次执委会会议上,审查并通过了各项补助机构的预算与各项资助计划及细则。在同年召开的

[①] 程新国:《庚款留学百年》,东方出版中心,2006,第55页。
[②] 任鸿隽:《五十自述》,载樊洪业、张久春选编《科学救国之梦——任鸿隽文存》,上海科技教育出版社、上海科学技术出版社,2002,第687页。

第六次执委会会议上,决意补助中华国民拒毒会,派员赴日本参加泛太平洋科学会议并启动科学教育的调查工作。

1926年,中基会根据董事会意见而拟定章程。关于用款范围,确定为以下几项:

中华教育文化基金董事会分配款项之补充原则[1]

一、本会教育事业,拟暂以左列[2]各项为范围:

第一项 科学研究,包含:

(1)物理,(2)化学,(3)生物学,(4)地学,(5)天文气象学。

第二项 科学应用,包含:

(1)农,(2)工,(3)医。

第三项 科学教育,包含:

(1)科学教学,(2)教育之科学的研究。

二、文化事业,拟暂以图书馆为限。

三、其他属于教育文化之事业,影响及于全国者,亦在考虑之列。

四、对于某种补助机关加以补助时,除须有(1)过去之成绩,及(2)维持现状之能力外,以(3)能自筹款项之一部分为重要条件。

五、除仅与一次补助者外,如无特别的约定或计划,每事补助,暂以三年为限。在补助期内如无相当成绩,本会得随时停付补助金。

六、凡请求拨款以作基金者,概不照允。

民国十五年二月

1927年6月29日,中基会第三次年会通过了一系列的有关规章制度:

(1)通过了促进科学教育办法,设立科学顾问委员会。同时为了体现董事会的权威性和公正性,从1928年起,蔡元培、司徒雷登、胡适、任鸿隽、翁文灏、赵元任、孙科、傅斯年、钱端升等各界(主要是科教界)代表人物先后被聘为董事会成员。

(2)促进科学研究办法,设立各项补助金及奖励金。

---

[1]《中华教育文化基金董事会第一次报告》,1926,第28页。
[2]此处"左列"为原文之表述,本书在此处未改其表述。

在同年10月14日召开的中基会第十一次执委会会议上,通过了聘请科学研究补助金及奖励金审查委员会委员成员和聘请科学教育顾问委员会委员的议案。

二、中基会的事业类型的确立

中基会的事业分为三大类:自办事业、合办事业、补助事业。

中基会自办事业以科学教育与研究为重点,旨在改进科学教育,发展科学研究。具体措施有:设置科学教席;充实学校实验设备;先后成立科学教育顾问委员会、编译委员会,编译科学教科书;设立科学研究补助金与奖励金;等等。[①]

中基会合办事业是通过资助与各国立大学、研究机构和图书馆建立的合作关系,主要分为三类,其一是图书馆文化事业,补助力度最大;其二是对静生生物调查所逐年增多的补助;其三则是对北京大学的补助。

中基会初期开展的主要项目有:帮助北京大学解决财务问题、建立国立北平图书馆及购买藏书、资助黄炎培创办职业学校、主持全国性的土壤调查、组建静生生物调查所等。

中基会补助事业包括学校、学术团体、教育文化团体及其他杂项补助,涉及农业、工业、卫生、医药、地质、建筑、乡村教育、职业教育以及中美文化教育交流等诸多方面。

图4-1　中基会董事会办事处正式成立仪式,1925年7月,北京

---

①周洪宇、陈竞蓉:《孟禄与中国教育现代化》,华中师范大学出版社,2021,第75—76页。

第三节　与教育部合办北京图书馆

中基会成立后资助了中国各地很多教育、科学、文化方面的项目,其中一个最显著的成就当属创建北京图书馆。1925年9月28日召开的中基会第一次执委会会议,议决与教育部合办国立京师图书馆,以作为该会的一项文化事业,并作为科学研究的辅助机构。同年11月9日召开的第二次执委会会议,议决拨款20 000元为图书馆临时特别开支。因时局动荡,教育部无法正常履约,原定计划中的建立图书馆暂由中基会独立进行,并定名为"北京图书馆"。1926年3月1日,北京图书馆成立。此为1949年10月1日以前之北京图书馆名称所由来。①

一、创办北京图书馆的原因

图4-2　位于广化寺的京师图书馆

早在1909年,经清政府正式批准,筹备建立京师图书馆。1912年8月27日,位于广化寺的京师图书馆正式开馆。但因其地址太偏,往来不便,"潮湿甚重,于藏书尤不相宜"。同年12月9日,馆长江瀚署文咨教育部,谓:"惟此馆系用广化寺之屋,不惟地址太偏,往来非便,且房室过少,布置不敷,兼之潮湿甚重,于藏书尤不相宜。虽暂时因陋就简而立基础,盖终非别谋建筑无以称名实

---

①程尔奇:《北京皇城的历史演变及其保护利用》,知识产权出版社,2013,第103—104页。

而臻完备也。"①故于1913年关闭停阅,另择馆舍。

第二次开馆是1917年。1917年1月26日,京师图书馆在北京安定门内方家胡同清国子监南学②旧址重新开馆。鲁迅先生曾亲临此次开馆仪式。至1925年,京师图书馆在方家胡同已经开馆8年。此处共有房屋119间,总面积约2 960平方米,面积较广化寺有所增加,湿气也不太重,但其缺点亦日渐暴露:地址仍太偏僻,房屋陈旧且分散,不便管理。

1925年5月13日,由京师图书馆主任署文呈部,要求阁议。其理由是:"本馆僻在京城东北一隅,年来阅览人数虽亦逐渐增加,而现在馆址究嫌偏僻。西南城一带学者纵有志观光,辄以相隔甚远,有裹足不前之慨。……今幸阁议通过,将北海改作公园。北海处四城之中,地方辽阔,官房綦多,乘此改创之时,允宜首先指定图书馆所在地,以示国家右文主旨。拟请提出阁议,择规模宏大足敷图书馆应用之官房酌拨一所,将本馆旧籍悉数迁往,作为图书总馆。其方家胡同现在馆址,则留馆中所藏新书及旧书中重复之本,作为第一分馆,以供东北城一带人民浏览。"③

京师图书馆第三次搬迁在1928年。1928年6月,北伐军进入北京,改北京为北平,南京国民政府大学院改京师图书馆为国立北平图书馆。1928年8月7日,国民政府电拨中南海居仁堂给国立北平图书馆使用。1929年2月10日,国立北平图书馆在居仁堂开馆,陈垣先生在开馆典礼上讲话。

由上可见,京师图书馆前二十年的情况是馆无定舍,舍无定所,馆舍三迁,步履艰难。中基会成立伊始,立即拨款建立图书馆。

---

① 《江瀚馆长咨呈教育部开馆日期文》,载胡沙主编《文献》(1987第4期),书目文献出版社,1987,第221页。

② 国子监本在方家胡同之北成贤街,清初生员不多,监舍较大,不成比例,故到雍正时有人建议在方家胡同另建上库,教授生员。雍正皇帝批准后始建而成。方位上因其在国子监之南方家胡同,故称为国子监南学。

③ 李致忠:《中华教育文化基金会与国立京师图书馆》,《国家图书馆学刊》2008年第1期。

第四章　中华教育文化基金会初期工作之开展(1925—1927年)

图4-3　位于方家胡同的京师图书馆

图4-4　京师图书馆开馆纪念摄影

二、图书馆的创办

1925年10月23日,中基会与教育部协商订约,决定合办国立京师图书馆。该订约规定:"一、教育部以原在方家胡同的旧籍移交行将组建的国立京师图书馆;二、中基会拨款一百万作为馆舍建筑费(后又有所增加并拨三十万购书费);三、每月双方各支付经常费用四千元。"[①]

---

①李致忠:《中华教育文化基金会与国立京师图书馆》,《国家图书馆学刊》2008年第1期。

之后依教育部令,京师图书馆改为国立京师图书馆。1925年11月26日,教育部下达第206号令,谓:"原设方家胡同之京师图书馆,应改为'国立京师图书馆',暂移北海地方。该馆旧址,以现设之京师图书馆分馆(即京师图书馆原在前青厂所设之分馆)移入。其京师图书馆原有普通书籍酌留二万册。以一万册拨给京师图书馆分馆,合分馆所有之科学书籍,并供众览,改为京师第一普通图书馆(此即今首都图书馆前身)。"12月2日,教育部训令第313号谓:"此次本部与中基会协商,组织国立京师图书馆委员会,将该馆改名为'国立京师图书馆',并经派定委员在案。现经本部函聘梁启超为国立京师图书馆馆长,李四光为副馆长。合亟令行该馆,仰即遵照可也。此令。"①

图4-5 居仁堂国立北平图书馆大门

为建立图书馆新馆,中基会按照与教育部合办图书馆所订契约拨款一百万选址建馆,款项分年拨付,购置了北海公园西边的76亩土地作为新馆馆址。这里在明代与北海同属皇帝游乐的西苑禁地,清朝一度成为御马圈,1912年成为陆军部管辖的军营和操场。1926年4月6日,陆军部颁发京师图书馆用地执照:"陆军部为发给执照事:据教育部函称,京师图书馆请拨北海西外养蜂夹道路东陆军部所有营产,恳请准予承领,并备具图说、商号保结等情前来,当经饬查相符,其应缴之价,共计银洋贰万圆,业已收讫。合行填给执照,以资存证。"②10月2日,教育部函告梁启超积极筹划合办契约。

中基会资助的这个图书馆项目得到了教育部和民国军政当局的支持。

---

① 李致忠:《中华教育文化基金会与国立京师图书馆》,《国家图书馆学刊》2008年第1期。
② 李致忠:《中华教育文化基金会与国立京师图书馆》,《国家图书馆学刊》2008年第1期。

1927年7月30日,教育部转呈中基会建馆用地公函,请国务会议议决。9月7日,教育部呈大元帅文,请拨养蜂夹道迤东之御马圈旧地及迤西旧操场空地建造国立京师图书馆馆舍。9月30日,中基会致函军团长张学良,谓图书馆工地北墙邻接中国红十字会医院之南院,该院有少量驻军须由馆地穿行,彼此均为不便,请令辟一门,以便出入。张学良获此函后,即下令军队不再穿行养蜂夹道,以利施工。

中基会还专门设立了国立北平图书馆建筑委员会,周诒春为委员长,任鸿隽、丁文江、戴志骞、刘复、孙洪芬、袁同礼为委员。

所有建筑步骤都采取公开招标的方式,包括建筑设计方案、建筑工程施工单位的选取,以及大宗用品的采购等。在决定新馆建筑为传统中式宫廷外观以及现代化图书馆内部功能之后,国立北平图书馆建筑委员会向国内外公开征集新馆设计图案,所有参赛设计图纸被送往波士顿,由美国建筑师协会推选的专家组成审查委员会评选出最佳设计方案,作为新馆的设计方案。欧洲人莫律兰(V.Leth Moller)的方案在17份参赛设计中荣膺首选,莫律兰被聘为建筑工程师,北平长老会建筑师丁恩(S.M.Dean)和王府井协和医院的设计者安纳尔(C.W.Anner)被聘为名誉顾问。新馆主体工程标书用中、英文发布,有26家中外建筑企业参与竞标,最后经国立北平图书馆建筑委员会和中基会联席会议的审核和考察,决定由天津复新建筑公司承建。新馆需要的钢铁书架、暖气炉、通风机、卫生工程设施也公开招标采购,英、美、德等国及中国的八家公司竞标,最后天津美丰机器厂中标。

图4-6　国立京师图书馆破土仪式

图4-7　国立北平图书馆

图4-8　1931年6月25日国立北平图书馆新馆落成典礼

三、建立图书馆的意义

1929年，教育部聘陈垣、任鸿隽、孙鸿芬、马叙伦、周诒春、傅斯年、刘复、蔡元培、袁同礼九人为国立北平图书馆委员会委员。1929年1月10日，国立北平图书馆在居仁堂举行开馆典礼。国立北平图书馆委员会委员长陈垣[①]报告国立北平图书馆沿革及藏书情况，前馆长江瀚发表演说，并接待各界来宾参观。中海居仁堂馆中藏有文津阁《四库全书》一部、唐人写经8 651卷，又有普通书14.8

[①] 陈垣（1880—1971年），字援庵，又字圆庵，广东新会（今江门市新会区）人，中国杰出的历史学家、宗教史学家、教育家。陈垣先后创建广州光华医学专门学校、北京孤儿工读园、北京平民中学。曾任北京大学、北平师范大学、辅仁大学、燕京大学等校的教授、导师。1926年至1952年，任辅仁大学校长。1949年以前，他还担任过京师图书馆馆长、故宫博物院图书馆馆长。1949年后，任中国科学院历史研究所第二所所长；1952年至1971年，任北京师范大学校长。

万余册、善本书2.2万余册,以及明清舆图、金石墨本等稀世珍宝。①

但当时中国政府国库空虚,契约规定的月拨日用费4 000元也无法履约,故合办变成了中基会独家经办,故不能擅用"国立京师图书馆"之名,只得自己另办一个图书馆,名曰"北京图书馆",仍以梁启超、李四光为正、副馆长。馆址选在今北海公园内之庆霄楼。②

1931年6月25日,国立北平图书馆举办新馆落成典礼。新馆建筑面积3万平方米,是中国当时建筑最华丽、规模最宏伟、设施最先进的图书馆。在中基会的资助下,新馆经费有了保障,组建了购书商榷会监督和指导图书馆购书。购书商榷会由冯友兰、金岳霖、胡适、吴宓、赵元任、刘半农、陈寅恪、姜立夫、吴有训、李俨、丁文江、叶企孙等各学科的著名学者组成。其主要职责是推荐应购之书,审核已购之书,指示新出之书,编制购书预算。

新馆建立了先进的图书管理制度,改变了我国传统藏书楼的藏书法。将传统图书四库分类法改为近代分类法,按书名第一个字的拼音及作者姓名第一字的笔画分目制成索引卡片。

主楼前的草地上矗立石碑,刻《国立北平图书馆记》,蔡元培撰文,钱玄同书。图书馆馆长蔡元培撰写的碑文告诉我们,新馆由原北平图书馆与中基会下属的北海图书馆合并而成。原北平图书馆的前身是京师图书馆。

国立北平图书馆记

(一九三一年六月二十五日)

国立北平图书馆者,教育部原有之国立北平图书馆与中华教育文化基金董事会自办之北平北海图书馆合组而成者也。旧隶教育部之国立北平图书馆,初名京师图书馆,成立于民国纪元前二年,馆址僦什刹海广化寺充之。民国二年,设分馆于宣武门外前青厂,未几,本馆停办,移贮图书于教育部。四年,部议以方家胡同前国子监南学房舍为馆址,筹备改组。六年一月开馆。十七年七月,

---

① 1929年,国立北平图书馆与中基会属下的北海图书馆合并。合并后,馆名仍为国立北平图书馆,原北平图书馆馆舍居仁堂为一馆,原北海图书馆馆舍庆霄楼为二馆,租借庆霄楼、悦心殿、静憩轩、善安殿等处。全馆共购置中文书籍8万余册、西文书籍3.5万余册。

② 李致忠:《中华教育文化基金会与国立京师图书馆》,《国家图书馆学刊》2008年第1期。

更名曰国立北平图书馆。十八年一月,迁馆址于中海居仁堂。馆中藏有文津阁《四库全书》一部,唐人写经八千六百五十一卷,又有普通书十四万八千余册,善本书二万二千余册,明清舆图数百轴,及金石墨本数千通,均希世之珍也。顾以馆址无定,灾损堪虞。民国十四年,中华教育文化基金董事会成立,即有与教育部合组国立京师图书馆之议,而牵于政局,未能实现。董事会遂独立购置御马圈地,绘图设计,筹建新馆。同时在北海赁屋,组织北京图书馆,于十五年三月成立。迁都后,更名曰北平北海图书馆。三年以来,规模略具,共购置中文书籍八万余册,西文书笈三万五千余册,分类编目,与各种书笈杂志索引之纂辑,均次第举行,出版事业亦已开始。此两馆未合并以前之略史也。

新馆之建筑工程,实始于十八年三月。是年六月,董事会举行第五届年会,教育部重提两馆合组之议,经董事会通过,仍用国立北平图书馆之名,而权以第一馆、第二馆别之。今兹新厦告成,乃合两者之所藏而萃于一馆焉。新馆之建筑,采取欧美最新之材料与结构,书库可容书五十万册,阅览室可容二百余人,而形式则仿吾国宫殿之旧,与北海之环境尤称。自兹以往,集两馆弘富之搜罗,鉴各国悠久之经验,逐渐进行,积久弥光,则所以便利学术研究而贡献于文化前途者,庸有既乎,久爰志缘起,用勖将来。

中华民国二十年六月二十五日

蔡元培撰　钱玄同书
据北京图书馆院内西侧石碑[①]

中基会除了资助创办北京图书馆外,1928年还对东方文化事业图书馆给予资助,旨在保存珍贵图书。东方文化事业图书馆由王树楠、柯绍忞、江瀚发起成立,由东方文化事业委员会牵头,经过版本目录学家徐森玉、伦明(哲如)之手,在北方收购了许多善本和珍本书籍。徐森玉原任北平图书馆采访部主任,精于版本、钞本等善本,在古籍市场中极富声望,由他经手选购的多属学术珍本,或世所不知的孤本。伦哲如经营北平通学斋书店,见多识广,收藏极富。他们两人经眼入藏图书,多属北平图书馆的精华,名校、精钞稿本最多,编有目录10厚

[①]蔡元培:《国立北平图书馆记》,载北京图书馆《文献》丛刊编辑部编《文献(第十四辑)》,书目文献出版社,1982,第229—230页。

册。东方文化事业委员会图书馆得到这批藏书后,学术地位大为提高。

第四节　设立科学教席和研究教席项目

发展科学教育是中基会发展中国教育举措中一项十分重要的事业。在中国现代科学发展的早期历程中,中基会具有重要的影响。

中基会除了直接资助研究事业,还在大学或研究所设立科学教席和研究教席两种,以资助研究人员的方式,推动科学研究和科学教育事业的发展。鉴于科学研究必须解决的主要问题有二:一是人才的培养,二是设备的改进。中基会对人才的培养制定了两项原则:一是使已有成绩的学者得到工作的机会,二是使有希望的青年得到造就的机会。实施办法是设置科学教席、研究教席、科学研究补助金和奖励金。中基会取得卓有成效、影响广泛的一项工程,是设立科学教席和研究教席。

一、设立科学教席和研究教席的原因

民国政府成立后,政局动荡不定,军阀忙于混战,并屡屡挪用教育经费作军费。北洋政府无暇关注中学科学教育事业的推动情况,政府的责任严重缺失。因此教育投入严重不足,科学发展水平整体低下,致使中学科学教育事业的发展滞后:师资匮乏,现有师资水平低;缺少合适的教科书;缺少合适的实验仪器等。中学教师很难有机会继续深造和接受到本学科的前沿发展内容,这种状况严重制约着中学科学教育事业的发展。据此,根据中基会的资助原则和方针,中基会为提升中学科学教育的水平做了许多有益的尝试,体现了社会支持对科学事业发展的促进作用。

与此同时,当时的中等教育存在着一些问题和缺陷,影响了高等教育的质量。当时中国大学教学中一个显而易见的问题是许多学生基础较差,跟不上课程学习的进度。但是由于中等学校的数量很多,想要一一改良是一件十分花费时间和资金的事情,并且在当时形势动乱、资金不足的情况下,这个想法也很难

被实践。①所以,中基会的委员们认为"惟有采正本清源之策,由培养科学师资入手"。同时提议设立科学教席,这个办法是科学教育中的创举,中基会希望通过此举来"庶各处中学之科学教学,得以逐渐改进,而大学之科学程度,亦可收继长增高之效果焉"②。

此外,自庚款兴学初,科研和学术领域进展并不显著,在科学上深入研究之人寥若晨星,在学术上有所成就者更是寂焉无人。仔细揣摩其中缘由,这虽然和当时中国政局动荡、经济萧条等原因密切相关,但研究缺乏专人承担或指导,经常半途而废也是其主要原因之一。故中基会拟在补助大学中,聘请科学名家为特设研究教席,使其帮助计划及指导研究事业,同时让国内相关研究人员与之协同研究。这些措施,不仅可以有助于相关研究的进行,也可以为我国培养更多高质量的研究人员,可谓一举两得。"惟是科学研究,极有赖乎设备,现时各大学经费支绌,固无余力注意及此。本会对于科学上人才及设备已有基础之学校,既拟设置研究教席,更应增其设备,以谋工作上之便利。"③

为了领导和推动中国科学的发展,中基会设立科学教席和研究教席,经过严格审议,授予、聘请国内专门从事科学研究工作,并已取得较大成就的科学家、知名学者,在设备完善的机构从事专门研究。可见中基会设立科学教席和研究教席,其目的是资助科学研究顶级人物,以提高中国科学研究人员在某些领域之研究能力。

二、有关科学教席的(制度)政策及其内容

1926年3月,在中基会第一次常会上颁布了《设立科学教席办法》。1930年后又陆续出台了《设立科学教席计划书》《设立科学教席计划书说明》《科学教席分配办法》。这些计划和政策对科学教席的设立予以了详细说明。

---

①汤燕:《庚款教授席的实施与效果分析》,硕士学位论文,苏州大学,2015,第7页。
②《中华教育文化基金董事会第一次报告》,1926,第19页。
③《中华教育文化基金董事会第一次报告》,1926,第21页。

1.有关科学教席的宗旨

"聘请适当之科学教授人材,分配于教育部前定之高等师范六学区中,使从事培养科学师资及改良科学教学方法,此即本会设计科学教席之要旨也。"[①]为了培养中学自然科学教师,中基会于1926年起,在教育部所属全国六大师范学区的一批大学中陆续设立了30余个科学教(授)席给予资助。

2.科学教席设立的学科范围和学校

《设立科学教席计划书说明》指出对于师资培养中心,将聘适当之人员充任。前列各科教授,举凡新教师之训练或现任教师之补充智识以及各种教育机会,无不力求均等,务使各省区都受其益。若每一高等师范学区得有优良之科学及教育心理学教授五人,以资倡导,则中等以下学校观感所得,获益定非浅少。至于协助、联络、商议以及监导教学、厘定标准等计划,亦可切实筹订,庶使中等以下学校之科学教育常在改良进步之中。[②]

科学教席设定35人,可设物理学、化学、动物学、植物学、教育心理学5种讲座,分别在南京(中央大学)、武昌(武汉大学)、北京(北京师范大学)、沈阳(东北大学)、广州(中山大学)、成都(成都大学、成都师范大学),由各大学向中基会推荐,经中基会考察而确定。每个学校最多得5个教席。

根据每个学校所得的教席数,拨给其相应的补助费,每个大学暂为一万到三万元。由于科学教席是专门为培养师资而设置的,所以接受科学教席的学校"对于训练,师资之办法,必须有明确切实之规定,方得领受科学教席及与教席有关之补助费"[③]。其中国立北京女子大学及国立北京女子师范大学是为了注重女子教育而得以设科学教席,由于两个学校在同一地,所以两校合起来最多可设5个教席,中基会要求两校对于科学教学须有切实的合作办法,才能领受科学教席及与教席有关的补助费。

---

① 《中华教育文化基金董事会第一次报告》,1926,第19页。
② 中国第二历史档案馆编《中华民国史档案资料汇编(第五辑·第一编·教育)》,江苏古籍出版社,1994,第237—238页。
③ 《中华教育文化基金董事会第一次报告》,1926,第31—32页。

3.科学教席的资格条件

关于科学教席的设立,中基会遵循"宁缺毋滥"的原则,严格把关。起初中基会计划设立35个科学教席,但1926—1935年间,设立教席最多的年份亦只有28席,较原计划少了7席。

所有科学教席的入选条件是:(1)欲申请教席者,必须是"对于本学科有精深之研究者";(2)"对于中等学校本学科师资之训练有特殊兴趣者",且经过指定学校的推荐和中基会执委会的核定才能被聘为教席。[1]

科学教席的薪金由中基会参照指定学校之标准,按月付给。教席任期自一年至三年,续约与否,由中基会于约期届满前两个月通知担任教席者。中基会的干事长得视全国需要,于换约时变更教席服务之地点。在约期内如遇必要须变更服务地点时,应得本人及原服务学校之同意。[2]

4.科学教席的主要职责

对于接受科学教席的教授及其所在学校,中基会均提出了明确的要求。首先规定接受科学教席者的主要任务有五项:(1)担任科学教席者,应以培养本学科教师为主要职务;(2)担任科学教席者,应忠实服务,不参加妨碍本职之各种活动;(3)专任本会科学教席者,不得兼任任何其他有给职务;(4)担任科学教席者,宜彼此合作以谋科学教法之改进;例如暑期研究会讨论会及调查等,均须参加或分任,不另支薪;(5)每学年终,应将一年工作报告本会。[3]

对于设立科学教席的学校,中基会提出要求,该校须把原本支付给该教授的薪金腾出来添购仪器设备以为科学研究之用;应谋校内科学各系与教育系之联络协作,并附属实习学校科学教学之改良;同时还要承诺帮助中等学校提高科学教学水平;必须采取本会科学教学考察团提出之《科学教师训练机关之标准》为目标,并设法使之逐渐实现。

---

[1]《中华教育文化基金董事会第一次报告》,1926,第30页。
[2]《中华教育文化基金董事会第一次报告》,1926,第31页。
[3]《中华教育文化基金董事会第一次报告》,1926,第30页。

5.科学教席的资助数额

由于当时各个学校的经费有限,相当多高校教师的薪资经常严重拖欠,使教师们普遍难以潜心于本职工作,一些科学教授也不能安心工作而从事兼职工作。各处科学教授及他项教授之薪金拖欠多至数月,甚至有在二年以上者,经济之压迫如是其甚,势不得不增授科目兼他校或竟改就他业,夫任职过多之兼任教授,流弊不可胜言,其最甚者约有数端:如丧失专业之精神,因疲劳与分心而体力日渐衰弱,减少智识上进步之机会,驯至学殖荒落,不克深造;对于学生接触既少,自难尽指导之责任;校内外之纠纷均将由此发生。教席设立以后,教授自可专心教学,免受是类不良影响,行之稍久,各种积弊亦可逐渐减免。①

为了使获得科学教席的教授专心工作,中基会予其以稳定的经费支持。《设立科学教席计划书说明》规定:担任科学教授后,其全部薪金及其他待遇,由中基会保障,以从事于真正的科学教育。

入选科学教席者的薪金由中基会支付,任期三年,可以连任,每种讲座可持续六年。满六年后可休假一年,由中基会提供经费,可往国外访学。

该会除负担各教授的薪金外,还相应地补助这些学校经费(每一讲座附带一定的设备费,每教席一万元设备补助金),用作改善科学仪器设备,以供这些教授教学实验用。对于接受本会教席之学校,《设立科学教席计划书说明》规定:应将所腾出之薪金购置仪器,以供各该教授之用。此种拨款办法必须切实履行。缘本会赠与之教授,苟欲增进教学之效率,须有充分之工具,以资应用。而学校亦应支初期已经指定之款额,增购仪器,以示其对于科学教学之进步确有真实之兴趣。然教授于实施教学之时,处于无可避免或意外之困境,如经本会认为必要,当以助教书籍仪器等供给之。

中基会还专门规定,接受资助的学校可将节省的教授薪金用于添置设备。科学教席的拨款,按照学科划分,大致以物理、化学位居榜首,其次是生物学、地质学、气象学、工程学、医学、农学、文化事业、教育事业。

科学教席的设立,表面看是中基会与相关大学的合作,实则是中基会掌握

---

① 中国第二历史档案馆编《中华民国史档案资料汇编(第五辑·第一编·教育)》,江苏古籍出版社,1994,第239—240页。

了绝对的主动权,故而在中基会亦自认为这属于"自办事业"。这样做的好处是最大限度做到专款专用,保证资金不会被受补助的机关拿去挪作他用。

科学教席的选拔非常严格,中基会还要对入选者进行定期考核。如1930年中基会所聘的28位教授,全部具有海外教育背景,其中拥有研究生学历者22人,包括15位博士。这些教授既能得到设备和经费提升自身的业务水平,又应中基会的要求通过各种形式把他们的所学所得传授给本学科教师,尤其是中学理科教师。

6.科学教席的积极影响

科学教授席设置的目的是加强中学教学。其主要是物理学、化学、动物学、植物学、教育心理学等学科。担任过教席的教授一共有44人,其中:

担任过物理学教席的有文元模、丁绪宝、柳金田、魏嗣銮、吴正之、吴有训、朱物华、查谦、潘祖武和黄巽10人。

担任过化学教席的有张贻侗、张准、庄长恭、陈熿、曹任远、曾昭抡、王星拱、林兆倧、张江树和黄叔寅10人。

担任过动物学教席的有黎国昌、费鸿年、蔡堡、刘崇乐、周太玄、雍克昌、何定杰、艾伟和陈桢共9人。

担任过植物学教席的有李顺卿、罗世嶷、许骧、叶雅各、陈焕镛、汤佩松、金树章和锺心煊8人。

担任过教育心理学教席的有张耀翔、姬振铎、李璜、汪敬熙、艾伟、邱大年、刘绍禹和庄泽宣8人。

从学科的角度可以看出:首先,科学教席的设置主要偏向于中学理科教学;其次,物理和化学是设置科学教席最多的两个学科,也是师资最丰富的两个学科。[①]

值得注意的是,担任科学教席的教授全部都有留学背景。其中学士学历的占16%左右,硕士学历的占23%左右,博士学历的占50%左右,其余约11%为卒业或研究室毕业等情况。从中可见,担任科学教席的教授的学历都非常高,其中海归博士人数最多,有相当一部分都是当时中国高教界的一线教授。这为

---

①汤燕:《庚款教授席的实施与效果分析》,硕士学位论文,苏州大学,2015,第21页。

科学教席事业取得良好的效果奠定了十分坚实的基础。①

三、研究教席（实施办法）的有关政策和规定

早在中基会事业启动后不久，《中华教育文化基金董事会第一次报告》中的《设立科学教席办法》，提出了设立研究教席的计划。"我国兴学有年，而科学未能发达，极深研几之士，既寥若晨星，学术上之贡献，更寂焉无闻。揆厥原因，固有多端，而研究乏人指导，废于半途，末由深造，实为其主因之一也。兹谋改进之计，拟于补助大学之中，特设研究教席，延聘科学名家，任计划及指导研究事业之责。"②

"设研究教授若干席，由本会与受补助之学校商定，延聘中外著名科学家充任之。"该办法提出了设立研究教席的一些意见和建议：研究教授主要任务和职责的要求，即"指导科学上之研究及设施"且"遇必要时得兼任教课"；研究教席之学科，暂以自然科学与其应用为限；研究教授的任期，具体方案是：以三年为限，期满后如经本会及本人之同意，得继续延聘之。为了让科学研究教授尽指导研究之职务起见，须在一机关任职二年以上。所余时期，得以赴各处视察指导及出席研究会之用。③

第五节 推动中美教育交流，引进现代美国教育思想

1912年后，提升教师学术研究水平的需求日益迫切，为进一步培植本国高校教师，教育部和各个高等学校制定了有关政策公费派送高校教师出国学习和学术交流。1919年3月，教育部正式公布了《专门以上学校酌派教员出洋留学研究办法》，规定：选派之教员须充教授三年以上者；国立各校教员留学经费由教育部支给，省立各校由各省支给，私立各校由各该校支给；留学教员在留学期

---

① 汤燕：《庚款教授席的实施与效果分析》，硕士学位论文，苏州大学，2015，第22页。
② 《中华教育文化基金董事会第一次报告》，1926，第20页。
③ 汤燕：《庚款教授席的实施与效果分析》，硕士学位论文，苏州大学，2015，第12页。

内仍由本校酌给原薪若干成以为津贴。①但是民国初期,公派高校教师出国规模甚小,由于当时政局的紊乱,学校经费时常短欠,实际上能认真办理公派高校教师出国的学校极少。②

中基会开始运作后,制定了有关教师出国研究的资助政策。1926年,中基会通过《设立科学教席办法》,拟定在几所大学设35座科学教席,所聘教席连续服务满六年者,可休假一年,由基金会支给全薪一年,外加旅费,但以继续留学或考察为限。中基会正式引入美国的学术休假制度,选派高校学术精英出国研究。1929年,中基会审议通过《设立科学研究补助金规程》,规定科学研究补助金的甲种每年补助为3 000—4 000美元,乙种为1 000—2 000美元。申请研究员之资格规定,甲种须能独立研究,且曾发表研究成果如著述、论文等者;乙种须在国内外大学毕业,并在专家的指导下从事研究者。研究人员须向中基会提交研究项目、研究方法、研究方案等内容;研究地点不限国内;补助年限通常定为一年;等等。③

与中基会密切相关的一个重要组织是华美协进社。该社是1926年由著名教育家杜威和孟禄发起,在纽约成立的民间文化团体,由中基会每年拨款2.5万美元作为活动经费,以在美国设置一个面向公众,借此了解中国的窗口。这个机构1926年5月26日于纽约42街成立,名为华美协进社(China Institute in America),其宗旨为传播中华文化讯息、促进中美教育机构交流、协助留美中国留学生、引介中华文化内蕴、奖励美国人民研究中华文化等。该社的主要目的是通过交换教授和学生加强中美教育机构的联系,培养美国学生关心中国事务,促进美国公众对中国文化艺术的兴趣。后来该社事实上也在相当程度上实现了这一目标,逐步成为中美友好的重要枢纽,成为美国友华力量发展壮大的重要推动者。该社首任社长是杜威的中国弟子、东南大学原校长郭秉文。郭秉文曾任南京高等师范学校校长和东南大学校长,20世纪20年代连续三次作为中国首席代表出席世界教育会议,并被推举为世界教育会副会长(这对非西方

---

① 《咨各省省长照录专门以上学校酌派教员出洋留学研究办法原案请查照通令所属酌定办理文》,《教育公报》(第五百二十号,八年三月十九日),1919年第5期。

② 商丽浩、葛福强:《研求学术:民国时期高校教师公派出国制度的演进》,《浙江大学学报》(人文社会科学版)2015年第6期。

③ 《中华教育文化基金董事会第三次报告》,1929,第30页。

国家而言,素来是极为罕见的殊荣)。他不仅在国内是众所瞩目的著名教育家,在国际上亦享有盛誉。膺任此职,堪为上选。到1929年10月9日中基会第二十一次执委会会议,决定给华美协进社支付2 000美元,结束了这项工作。自1930年改为由会员团体经办,开展中美文化交流活动。1930年,邀请梅兰芳赴美演出,是该社改组后首次推出的一项成功的活动。

1926年12月13日召开第八次执委会会议,会议议决延聘康奈尔大学教授尼丹(J. G. Needham)来华指导生物学研究,并规划生物学师资训练,会议还通过了资助由中华教育促进会延聘哥伦比亚大学克伯屈(William H. Kilpatrick)在华讲学费用的决议。

1927年9月,中基会延请尼丹教授来华访问,目的在于"辅助发展国内生物科学及其研究"。

中华教育文化基金会的发展与全盛
（1928—1937年）

第五章

1927年南京国民政府成立后，中基会面临新的政治形势并改组了董事会。到1937年"七七事变"爆发全面抗战开始，这十年是中基会工作成效显著的时期。尽管这个时期遭遇了因世界性经济危机而导致的财政困难，但中基会及时调整了政策，提高事务效率，在科学教席、研究教席、自身机构建设与发展等方面取得了显著的成效。

第一节　南京国民政府成立后中基会的改组及董事会

　　1927年4月12日，蒋介石在上海发动四一二反革命政变，国民党反动派背叛孙中山的"联俄、联共、扶助农工"的三大政策和新三民主义，之后成立了南京国民政府。1928年8月，在国民党二届五中全会上，蒋介石宣布"以党治国"，强化了思想控制。这表现在教育上，就是强调集权和统一，并通过教育立法和加强制度建设，将民国时期的教育纳入国民党一党专政的轨道。1928年6月，南京国民政府公布相关政策，规定专门考试为资格审查的重要标准。国民党也直接插手派遣留学生工作。1933年6月，教育部颁布《国外留学规程》，对留学生资格、考试、管理及归国服务等方面作了严格的规定。随着南京国民政府对全国控制的实现，国民党内外也出现了对中基会改组改造的呼声。虽然中基会在法律上是财团法人性质，在名义上不受政治之干预，但在当时中国的环境下，中基会始终与政局的变动有密切的关系。

一、南京国民政府执政后的中基会改组

中基会改组问题并不是在南京国民政府成立后才出现的,早在中基会成立前后便埋下了日后改组的根源。庚子赔款退还是民国早期文教界的一件大事,因而中基会人员的组成备受社会各界关注,自然也成为公众议论的焦点。中基会的成立及其机构人员的组成等,是经过北洋政府批准的。首届中基会成员全由"贿选总统"曹锟任命,这在南方国民政府看来自然难以接受。更何况,所任命的董事中有北洋政府的现任官员,而缺乏与南方国民政府有关系的成员。各省教育界仍有一些批评意见。如认为他们无一人来自长江流域以南的省份,且三分之二皆来自一、二省区,又多是中华教育改进社的成员,在地域观念下,易产生结党营私之弊。虽然中基会在名义上不受政治的干预,但在实际的运行中很难真正做到。"中基会的成立与董事之任命,乃中美人士与北洋政府交涉之结果,虽然在董事人选方面还相当尊重教育团体的意愿,但是北洋政府官员参与董事会以及董事中缺乏与南方国民政府有关系之成员,都成为日后董事会改组之根源。"[①]

1927年4月18日,国民政府定都南京,同年6月,成立了中华民国大学院并任命蔡元培为院长。1928年7月,南京国民政府在杨杏佛等人的强烈要求下,下令取消原董事会,修改章程,并重新任命董事。改组意见拟把中基会自行选举更换董事的规定改为由大学院推荐任命。撤换中基会中由原来的北洋政府插手安排的颜惠庆、顾维钧等中方五名董事,把它纳入大学院的领导和监督之下。1928年7月27日,蔡元培在国民政府会议上提议改组中基会,获得通过。[②] 董事会章程修改的重点是将原章程中的第三条董事会十五人"第一次由中国大总统委派,其后每遇缺出,由本会选举补充。选出后应立即呈报政府"[③],改为"本会以国民政府所任命中基会十五人组成之,处理会中一切事务。董事会任期三年,期满由大学院根据全国学术界公意,提出人选。呈请国府另行任命",并重新任命董事,中方董事为胡适、赵元任、施肇基、翁文灏、蔡元培、汪精卫、伍

[①] 杨翠华:《中基会对科学的赞助》,台湾"中研院"近代史研究所,1991,第18页。
[②] 《国府会议纪要》,《申报》1928年7月28日。
[③] 杨翠华:《中基会对科学的赞助》,台湾"中研院"近代史研究所,1991,第21页。

朝枢、蒋梦麟、李煜瀛、孙科,美方董事为孟禄、贝克、顾临、贝诺德、司徒雷登,共十五人。

南京国民政府这种有损于中基会独立性的计划遭到了中基会董事们的坚决反对。中基会面临新的政治局势,不得不商议对策。

胡适在给当时大学院院长蔡元培的信中详细陈述了中基会章程的修改与中基会的独立关系:

> 文化基金董事会章程的基本原则为脱离政治的牵动,故董事缺额由董事会自选继任者。……今忽废去此条,改为董事三年任满由大学院呈请政府任命,便是根本推翻此原则了。建此议之意岂不以为当日政府不良,故须防政府的牵动;今为国民的政府,不应防御其干涉了?此言岂不冠冕堂皇?然事实上,政治是否安定,是否尽如人意,谁也不敢担保。[①]

1928年12月29日,新任教育部部长蒋梦麟具呈行政院,力谋补救办法,请批准召集原董事会开会,以妥善办理改组事宜,使中基会的改组问题出现了转机。美国方面为使中国政府将来不再干涉中基会,立即做出激烈、强硬反应,指责国民政府此举违背中立原则,又以扣留退款相要挟,直至迫使国民政府做出妥协让步。[②]在美方孟禄等人的积极斡旋下,1929年1月,中基会第三次常会在杭州如期召开,会议修改了章程,并改选了董事。中基会得以顺利改组,该会所经办之文化教育事业方不致中途停办。

二、中基会的组织机构及董事会情况

中基会改组后于1929年1月召开了第三次常会,会议议决接受郭秉文、颜惠庆、张伯苓、顾维钧、周诒春、胡适等人的辞呈,汪精卫、伍朝枢、李煜瀛、孙科、任鸿隽、赵元任等人继任董事,并推举任鸿隽为干事长。在1929年召开的第五次年会上,胡适接替汪精卫再次成为董事会成员。在1930年召开的第六次年会上,投票选举金绍基接替翁文灏为中基会董事。在1932年召开的第六次常

[①] 杨翠华:《中基会对科学的赞助》,台湾"中研院"近代史研究所,1991,第21—22页。
[②] 姜朝晖:《民国时期教育独立思潮研究》,中国社会科学出版社,2008,第123页。

会上，赵元任、蒋梦麟辞职，周诒春、徐新六继任董事。在1934年举行的第八次常会上，由于伍朝枢病故，选举丁文江为继任董事。1936年，丁文江逝世，4月18日召开的第十二次年会推举翁文灏为继任董事。干事长任鸿隽1935年已被任命为四川大学校长，提出辞去干事长职务，在1936年召开的第十二次年会上，聘孙洪芬为干事长。

图5-1 中基会第五次年会（1929年6月29日）
前排左起：蒋梦麟、施肇基、蔡元培、顾临、翁文灏
后排左起：任鸿隽、司徒雷登、贝诺德、贝克、赵元任

图5-2 中基会第四次常会（1930年2月9日）
前排左起：翁文灏、李煜瀛、蔡元培、蒋梦麟、孙科、贝克
后排左起：任鸿隽、顾临、胡适、赵元任

第五章　中华教育文化基金会的发展与全盛(1928—1937年)

图5-3　中基会第八次年会(1932年7月1日)
前排左起：任鸿隽、王承传、蔡元培、胡适、傅斯年
后排左起：司徒雷登、金绍基、贝诺德、贝克、周诒春

20世纪20年代后期，由于受到经济危机的影响，中基会的财务状况不佳，为此中基会成立了专门的提高财务效率特别委员会。同时，为了提高中基会的效率，在1934年6月29日的第十次年会上，通过了18条修改会务细则，确定每年4月召开年会，10月的常会如执委会认为不必要时，可不举行。由于经费减少，中基会在财政困难时期停止了新的申请补助提案，也否决了第二次庚款机关联席会议所提设立陵园博物馆、女子大学、大学研究所等提案。在1935年7月10日召开的第一百零一次执委会上，决定于纽约设立财政顾问委员会，由美方董事顾临、贝诺德负责。在1935年10月26日召开的第九次常会上，调整了财务管理人员，决定增加名誉副会计2人，财政委员会委员3人。

由于1935年10月，庚款支票改由驻上海总领事直接送到中基会常驻上海之副会计，中基会基金保管部于1936年2月迁至上海九江路花旗银行办公，财政委员会因为负有代管基金之投资责任，为了便于基金保管部办理庚款事务，也迁至上海。此后中基会的执行、财政两个委员会的会议分别在北平和上海举行。1937年9月14日召开的第一百一十九次执委会会议，决定将会所迁往上海。

81

第二节　修订调整政策，采取措施应对经费短缺危机

20世纪20年代后期开始，由于世界性经济危机的出现，波及中基会资金的运作和资助，中基会收入减少而经费短缺，财政问题成为主要问题。中基会与清华大学的资金收入受到损失。在这种情况下，由于财政的拮据情况，中基会多次开会授权执委会与国民政府接洽，积极游说国民政府财政部门，催促政府将积欠之庚款尽早拨放。同时，中基会对资助政策和范围予以调整，开始采取紧缩的补助政策。

一、采取措施，应对经费危机

1928年6月29日，中基会召开第四次年会，对原定工作方针做了一定的补充和修正，即代理干事长周诒春提出中基会的用款方式应集中财力于少数事业，通过了该会用款方针之补充原则三条：(1)补助学校以中等程度为限；(2)补助款项宜以一事业为本位，在一机关内，如有一事业方受补助，并不妨碍其他事业之补充；(3)建筑费暂不给予。

1931年6月26日召开的第七次年会上，为了提高财务管理效率，通过了顾临所提有关记账办法改良之建议，并推定顾临、金绍基、任鸿隽合组特别委员会，拟具增进中基会投资及一般财务管理效率之计划。由于经费缩减，该次年会议决暂缓进行中学调查事务。为了应对经济危机造成的财务危机，在1931年召开的第四十一次执委会上，议决投资原则：通知纽约农民信托公司，此后只用该会证券卖出或还本所得之本金，代为重行投资，其利息收入，应悉数拨交纽约花旗银行基金活支户内，以备应付支票之用；至于清华大学基金项下，则所有本息收入，俱应作重行投资之用。议决通知各领受补助机关，凡请求补偿因金汇变动之损失案，今后概不考虑。在1931年10月22日召开的第四十二次执委会，议决自该年7月起，凡证券卖出或还本所得利益，应拨入投资损失准备金；重新估价清华大学基金项下之价值未定资产；应拟具中基会基金项下金银投资

第五章　中华教育文化基金会的发展与全盛(1928—1937年)

比例计划。①

到1932年,由于该年度适逢世界经济危机,中基会的财务状况依然没有好转,其基金之存放、活款之周转遇到困难,因此该年度每次执委会与财政委员会举行联席会议时,大部分时间都是审议财政问题。1932年7月1日的第八次年会,议决将该年度应该拨入资金二十四万余美元予以缓拨。

1932年,鉴于美国退还庚款停付一年造成财政十分拮据的情况,中基会议决通过了干事长任鸿隽提出的当年度用款的三点补充原则,即第一次请求补助之机关,暂不考虑;继续申请之机关,不得超过原额;各补助费俱暂以一年为限。

在1933年的第九次年会上通过决议,请执委会对各项事业加以研究,增加与国内其相似机构的合作,力争提升中基会事业效率及避免与其他机关事业的重复。该次年会对费用的使用提出了限制性意见:"年度用费,应以按月收入庚款为限。如用有赢余,应连同各项投资收入,一并拨入基金积存。"②

1934年的第八次常会,推举徐新六、周诒春、任鸿隽三人为代表,再与财政部接洽关于发行特别关税库券的事宜,以弥补因庚款停付而产生的欠款。

1934年,中基会在第十次年会上对如何分配款项又进行了调整,规定本会事业,仍应以科学研究、科学应用及科学教育为范围;对于学校之补助,以有计划之合作,能提高程度者为限,普通设备及维持皆应设法停止,对于特种事业之补助,应择定需要长久维持及有较大实效之事业,零星小补助应设法避免,对于特殊机关应择定重要者数所,成立较长久之维持计划,其余应设法结束。同时,决定停止办理当年度的新增申请补助项目,也拒绝了第二次庚款机关联席会议所提议的设立陵园博物馆、女子大学、大学研究所等三项议案。③

1937年,为开办新的事业,中基会又委托任鸿隽出国考察科学教育事业情况。国难发生后,中基会马上又提出了该会教育事业上的各种需要、计划及修改核给科学研究补助金的办法。在新的形势下,任鸿隽又就中基会的工作原则、补助研究机关办法、协助大学教育、协助重要科学研究成果出版及奖励科学研究等方面,提出了补充意见和具体的实施方法。

---

①杨翠华:《中基会对科学的赞助》,台湾"中研院"近代史研究所,1991,第235页。
②杨翠华:《中基会对科学的赞助》,台湾"中研院"近代史研究所,1991,第240页。
③杨翠华:《中基会对科学的赞助》,台湾"中研院"近代史研究所,1991,第239页。

二、设立专门科学发展机构

1929年1月25日,第十五次执委会决定设立"发展理化实业科学计划委员会",请赵元任等人负责组建。

同年6月29日的第五次年会,通过了修正发展理化实业科学计划委员会的报告,拨款国币50万元为中央研究院物理化学工程研究建筑及初期设备的费用。

三、自办社会调查所

社会调查所成立于1929年,最初是中基会的社会调查部。中基会在干事部下设立社会调查顾问委员会,以指导该项调查计划。社会调查所的设立起因于1926年美国纽约宗教研究所将一笔为期3年的捐款赠给中基会,用作社会调查。1929年该项捐款期满后,中基会决定自办社会调查所。

中基会特设社会调查所委员会,由任鸿隽任委员长,并聘请北京大学社会学教授、留英博士陶孟和为所长,开设有中国近代经济史、工业经济、农业经济、经济理论、经济制度、劳动问题、人口问题、对外贸易、银行金融、统计等研究科目。自1930年7月起,每年招收研究生。1933年时拥有研究员12人。1934年,社会调查所并入中央研究院社会科学研究所,成为这一全国最高学术机构建制的一部分。

"在此所成立以前(民国十八年),国内关于社会问题的研究机关尚如凤毛麟角,近年方渐渐地多起来了。所以除了本身的贡献之外,这个调查所还有提倡风气的功用。"[1]社会调查所开启了中国近代经济科学的系统研究,成为今天中国社会科学院经济研究所的前身。

---

[1] 任鸿隽:《十年来中基会事业的回顾》,《东方杂志》1935年第7期。

四、与尚志学会合办静生生物调查所

由于中国近代生物科学和研究的滞后,使原本极为丰富的生物资源并没有得到及时的调查和有效的利用,因此选择生物学作为资助的重要领域,是当时人士的普遍共识。当时中国科学社南京生物调查所、北平静生生物调查所、中山大学农林植物研究所的创办都得到了中基会的大力支持,而静生生物调查所由中基会主办。

在静生生物调查所创办之前,在任鸿隽主持中国科学社时,已经在南京成立了生物研究所,开展生物学研究,成就显著,闻名国内外。但是由于我国领土地域广大,已有的研究机构不能满足国家和社会对生物学的发展需要。南京的生物学家们认为已有的研究范围有限,无力延伸到北方,而在北方文化中的北京,也应该设立一所生物学研究机构。于是邹秉文、胡先骕、秉志等人联名呈书中基会干事长范源濂,申请在北京设立生物学研究所。信的内容[①]如下:

静生先生大鉴:

美国生物大家尼丹博士昨日来华,现已乘船北上,不日可与先生在京相见矣。尼氏为世界著名之专家,此次基金会邀其来华,将来影响于吾国教育前途,决匪浅鲜。秉文等思乘此最好机会,利用尼氏三十余年之经验,为吾国作一最有价值之事,可以收永久之利益。谨贡其愚见如下,愿先生留意焉。

今日欧美各国科学发达,人民深受其赐,而于自然科学皆有调查所之设立,以此种学问与国内之天产有关,设专门之机关以策研究之进行,其影响所及,实业及教育皆受其裨。吾国北京地质调查所,即其证也。欧美各邦除于国内之地质设所调查外,而于生物一方面,亦有相同之研究机关,所谓生物调查所 Biology Memorial Institute 是也。地质有关于矿务,生物有关于农业及医学,此两者皆自然科学,于是业之发达及人生之幸福关系最大。吾国之地质调查所成绩卓著,蜚声海内。今宜乘此机会,设立生物调查所,以为研究国内生物之提倡,总其便利,约有四端:

(一)尼氏平生所长,可以为吾利用也。尼氏学问渊博,生物学上贡献甚富,

[①] 胡宗刚:《关于中基会——档案中的历史》,《东方文化》,2003年第6期。

而于调查生物尤其所长,基金会即聘其来华,若只在学校授课及往各处演讲,其影响较小,若请其组织生物调查所,本其平生之经验。大约一年之内,可以训练人才,使该所之工作渐有端倪。当在京时,为该所作一永久之计划,将来尼氏离华后,其研究者可以与其计划进行,数年以后,必有较大之成绩也;

(二)该所之成立可以轻而易举也。现北京既立中央图书馆,生物之调查可籍该馆之书籍以为参考之资,美国生物调查所借助于中央图书馆,即一最好之前例。今如此办理该所,购置图书可省去甚巨之经费,且北京各处或有公产之地皮房屋,若因陋就简,稍加修葺,即可用为生物学之实验室,则此所之成立,更觉节省矣。

(三)该所之工作可以得相当之人选也。中国从事生物学者已不乏人,多系尼氏弟子,该所成立可择数人使之在内负责,与尼氏共同工作,各校之优材学生,尽可令其从事学习,尼氏去后,其弟子数人可以萧规曹随,继续调查事业,尼氏在京虽只有一年,将来不忧无继焉;

(四)生物学之教材,可以借此贮备也,吾国生物学之教材极少,各大学聘任此学之教授,颇感困难,大学此门功课既不甚佳,中等学校之教材遂益灭裂。该所若立,大学毕业生对于生物学有兴趣者,可在内练习,俟其经验较富,出而应学校教课之需,该所成立日久,人才愈多,较之尼氏在京教课一年,只有少数学生受其教诲者,其利益不啻倍蓰矣。

以上四端,仅举其近者言之。生物与人类息息相关,此所既为科学之研究,亦即经济问题之基础。天产之利用、货殖之改进,均可连类而解决。其施甚薄,不胜枚举。故秉文等觉生物调查所之设立实为最美之举,特此敬求先生及基金会诸公与尼丹博士从长计议,每年由基金会酌予相当之款项,俾该所早日成立。秉文虽不在京,凡能为该所效其棉薄,促其发展,在所不辞,骕、志等在南京从事研究,可使科学社生物研究所与该所合作,互相提携,庶凡尼丹博士在华之时虽暂,而所成就者实大,且运基金会所费之款无多,而所收之效果至为美满。与此特行奉商,诸希亮察是荷。

此颂

大安

邹秉文　胡先骕　秉志　同上

中基会第一任干事范源濂对于生物学研究素感兴趣。1927年，范源濂因病去世，由他发起组织的尚志学会中的朋友为纪念他，捐款15万元作为基金，其胞弟、著名实业家、化工企业久大公司的创办者范旭东捐出其生前留下的30多万银元及范家在石驸马大街83号的房产作为调查所办公地址。尚志学会委托中基会组织一以范静生命名之的生物学研究机构，以范静生故居为所址。1928年10月，静生生物调查所正式成立。该所目的是，继地质调查之后，清查全国动植物种类。中基会为该所成立了专门委员会，以是项基金扶持该所事业。秉志和胡先骕先后任该所所长。研究成果公布在1929年起按年出版的《静生生物调查所汇报》上。

静生生物调查所致力于全国生物资源的调查和采集及分类学的研究，编辑发行《静生生物调查所汇报》，开展了国内外的学术交流合作。以静生生物调查所为基地，我国生物学的科学调查和研究工作得以推动。1933年中国植物学会成立，以静生生物调查所为会址。1934年8月，静生生物调查所与江西农业院在含鄱口合办庐山森林植物园。1935年在荷兰首次刊印的《植物学年鉴》报道了静生生物调查所，指出国内外已有200多个研究所和静生生物调查所交换《静生生物调查所汇报》。1938年，静生生物调查所与云南省教育厅合办云南农林植物研究所。太平洋战争爆发后，静生生物调查所被日军霸占，图书、标本均被劫至日本。1949年9月，静生生物调查所出版了最后一期《静生生物调查所汇报》，至此，其持续出版"汇报"达20年。1950年1月，静生生物调查所与北平研究院植物学研究所合并，成立植物分类研究所，归属中国科学院。

静生生物调查所自创立起，维持20多年，是20世纪在国内外极有影响的植物学研究机构。它同南京的中国科学社生物研究所一起为我国现代生物科学的研究奠定了基础。

五、设立科学教育顾问委员会（编译委员会）

1.设置科学教育顾问委员会（编译委员会）的原因

中基会成立后发现科学仪器和教科书的情况不能满足科学教育的发展需要。作为中基会的一个重要工作方向和内容，科学教育面临的主要问题是培育中学师资、改进科学教育的教科书和科学仪器。当时关注中国科学教育现状的人士对于大学、高中的教材直接选用外文原版的状况感到忧虑。因此中基会的董事们认识到当时进行科学教育刻不容缓的工作就是改进科学教科书以及实验设备的供给。

任鸿隽在1933年曾经调查了高中及大学一年级的理科教科书现状。收回的有效问卷中，公私立大学20个（当时有理学院的大学约30处），高中109个（全国立案的高中约200处）。从统计结果看，高中及大学一年级所用理科教材中，外国原版教科书占了绝大部分。任鸿隽认为此现象并非表示教师水平和教育质量的高深，绝非所谓的与国际接轨。①

他痛心地指出："它至少的意义，是证明我们这十几年来，尽管大吹大擂的提倡科学，而学校里面这一点最小限度的科学教育工具，还不曾有相当的努力。它是证明我们在大学高中教课的先生们，对于课材，只知展转负贩，坐享成功，绝不曾自己打定主意，做出几本适合国情的教科书，为各种科学树一个独立的基础。……它是证明我们多少的教育家，宁愿把他们的闲暇时间，消磨在麻将电影里面，绝不会把科学教育的工作，当作一件重大的教育事业。"②

大学及高中偏好采用外国教材，任鸿隽认为至少有两个方面的原因：一是教者及学生们还不曾摆脱崇拜西文的心理，以为凡学科能用西文原书教授，便可以显得它的程度特别高深。于是即使在中文书里有同样可用的书，他们也宁愿舍中而用西。二是中文出版的书实在太差了，而且选择又少，不容易满足各个学校的特别需求，所以不得不取材于异域。③

任鸿隽认为第二种原因更多一些，假如有合适的、高质量的中文教材可供选择，学校还是会优先选用的。生物学方面有例可循：无论在大学还是高中，生物学中文课本所占百分比是最高的。这是因为当时，在理科各科中，中国的生物学较其他学科发达一些，生物学的教科书也多出了几本。即使在采用西文教材方面，都是美国出版的，绝无欧洲各国的教科书在其中。这说明即使在引进

---

① 徐蕾、黄翠红：《独立基金资助科教事业的历史模式探讨——以"中基会"对中学科学教育事业的支持为视角》，《兰州学刊》2016年第9期。
② 任鸿隽：《国内科学：一个关于理科教科书的调查》，《科学杂志》1933年第12期。
③ 任鸿隽：《国内科学：一个关于理科教科书的调查》，《科学杂志》1933年第12期。

国外教科书上,并非采取择优的原则,而是简单的"辗转负贩",当时教育界留学美国者远多于留学欧洲者,他们对教材直接采取"拿来主义"。①

中基会为促进科学教学、培育中等学校的师资,在1927年6月29日的第三次年会上,通过了促进科学教育办法,决定设立科学教育顾问委员会。在同年10月14日召开的第十一次执委会上,聘请科学教育顾问委员会委员九人。该委员会致力于解决教科书和实验设备方面的问题,分为数、理、化、地、生组,组织有关专家、学者编辑、翻译、出版优秀教科书。1928年2月,该委员会在上海正式成立,选定王琎、秦汾为正、副委员长,选定了十位在国内各大学科学领域的著名教授为委员,分别负责各项工作,分组情况如下:

数学组:秦汾(北京大学)、姜立夫(南开大学);

物理组:颜任光(光华大学)、饶毓泰(南开大学);

化学组:王琎(中央大学)、张准(浙江大学);

地学组:李四光(北京大学)、竺可桢(中央大学);

生物组:胡经甫(燕京大学)、胡先骕(中国科学社生物研究所)。②

委员会根据当时中学科学教材的情况拟定了工作计划,计划的主要内容是:数学组编撰中等数学混合教科书和非混合教科书各一部,其余四组合编中学三年级自然科学混合教科书一部;地学组编制中国分省及全省地图;生物、物理等组编写高中及大学校用教科书,编定实验教授要目,再委托有关机构配置实验所需设备。

1930年7月2日,中基会第六次年会决定改组科学教育顾问委员会为编译委员会,通过了修正简章,核定经费为5万元,聘任胡适为委员长,张准为副委员长,负责该机构的组织和主持编译工作。抗战期间,因经费短缺及出版困难,于1942年结束此项事业。

在1930年9月10日的第二十九次执委会会议上,聘任编译委员会委员傅斯年、陈寅恪等13人。他们分为数学、物理、化学、地学、生物等组,负责审查、推广中文科学教科书。改组后的编译委员会工作范围扩大为编译西方各科名

---

① 徐蕾、黄翠红:《独立基金资助科教事业的历史模式探讨——以"中基会"对中学科学教育事业的支持为视角》,《兰州学刊》2016年第9期。

② 杨翠华:《中基会对科学的赞助》,台湾"中研院"近代史研究所,1991,第125页。

著、教本和历史著作,分历史部、世界名著部、科学教本部。

2. 科学教育顾问委员会(编译委员会)的主要工作

(1)改良教学设备

为了使科学教育有良好的基础,中基会重视改善中学科学教育的办学环境和条件,改良科学教学设备。

具体办法有两个:

其一是在相当的学校设立科学讲座,每一讲座附设若干设备费。中基会规定接受此项讲座的学校,除得有中基会的补助费外,同时须腾出所省教授薪俸的数额,作为添置设备之用。因此,科学讲座的设立实际上同时也改进了学校的科学设备。

其二为斟酌各机关的需要而给予设备补助费。此项补助,占中基会用款的大部分。

由于当时中学教学仪器缺乏,价格高且购买困难。为解决该问题,中基会给予制造机构以适当补助,鼓励其大量制作,廉价发售。中基会与中央研究院物理研究所接洽,由中基会下订单,物理研究所进行教学仪器的生产,中基会购买后以半价转售给有需要的中学。中基会还资助了东吴大学和厦门大学的生物材料供给所,生产中学教学仪器,让他们专门生产生物教具、模型和标本,供应中学。

(2)编写教材

中基会改组编译委员会后,在1930年9月的第二十九次执委会会议上,聘任了编译委员会委员傅斯年、陈寅恪等13人。同时决定该委员会分为文史和自然科学两组进行教科书的编译工作。

《中华教育文化基金董事会第六次报告》载:民国十九年度(1930年)7月至二十年度(1931年)6月文史组正在翻译的书籍已有30余种,涉及历史、政治、哲学、经济等学科,其中的重头戏是翻译莎士比亚全集,由闻一多、徐志摩等人担任。

中基会组织专家编写了多种理科教材或参考书,如胡濬济编《整数论》、丁燮林编《初级物理实习讲义》、刘正经编《数学基本概念》、张其昀编《新学制高级中学教科书:本国地理》、曹元宇编《高中化学》、胡濬济翻译的《函数论》、顾养吾翻译的《实数函数论》等。

1935年编译委员会由胡适、张子高分别任正、副委员长。委员有王琎、竺可桢、赵元任、姜立夫、丁文江、陈源、胡先骕、丁燮林、闻一多、陈寅恪、傅斯年、胡经甫、梁实秋。历年编译的各种著作,有汉译世界名著、世界文学名著,由上海商务印书馆出版。为了使该项工作顺利进行,胡适专门把家迁到北平,每天下午1时40分准时到中基会上班。在他的大力支持下,1931—1942年间编译委员会共编译和撰写了自然科学著作18种。"这些书籍的出版,既填补了我国教材建设的某些空白,又可批判地汲取西方文化科学方面的若干精华。"[①]

这个时期任鸿隽全面统筹中基会事务,使得中基会事业由纯粹保管款项的机构成为推进中国科学文化的有力组织。在机构与经费都处于有力支配的条件下,任鸿隽极力推动中基会发展科学的理念,对民国时期的文化科学的进步,有着很大的影响力。中基会资助的这些项目,在中国现代科教事业的初创阶段起到了不可低估的作用。

六、代管清华大学基金

自1929年起,"国立清华大学基金"(1908年归还的第一笔退款)也转交中基会永久保管运用,其年收入除中基会收取的管理费外,均交付新国立清华大学运用。

在冯友兰1931年编写的《校史概略》中,写到清华基金改由中基会管理的缘由:

本校基金,前由"清华学务暨游美学务基金保管委员会"保管,该会系由外交部总长、次长及美国驻华公使三人组织之;但实权即在外交部总次长之手,而管理投资者,乃为少数秘书科长兼任之保管办事员。在国府统辖北平以后,虽以教育部长易外交次长,但该会用人行政,早已决定。罗校长就职后,屡次要求彻查,并于第一届董事会开会时,首行提出彻查议案。后经国府行政院于四月

[①] 耿云志编《胡适评传》,上海古籍出版社,1999,第116页。

三十日议决,训令教育及外交两部长,以保管委员资格,在保管委员会提议,将清华基金全部移交"中华教育文化基金董事会"管理。五月三日,"清华校务暨游美学务基金保管委员会"在南京开会,议决将清华基金移交"中华教育文化基金董事会"管理。于八月二日,移交清楚。中华教育文化基金董事会,为中美学术界及实业界名人所组织,为纯粹超于政治之独立机关,故本校基金遂得一安全托命之所。……本校每月经费,系按月由美国退还赔款项下支给。以前系由美使馆按月交付外交部,外交部汇总一部分兑换银元交付本校。于十八年五月间经教育部呈准行政院,将本校月费,亦自本年起,至赔款终了之年止,概行交由中华教育文化基金董事会代领代发。经美国公使同意,美国国务院核准,并由行政院发副令一份,交美使馆,以作证明。此项转移管理手续,乃于十月间办竣。自此本校经费,可望完全脱离政治影响矣。①

从中可见,清华大学基金改由中基会负责后,清华大学的每月经费得到了安全保障。

从成立至1949年,中基会的工作可分为两大类:基金的管理和基金对于文化事业的应用。在第一类工作中,中基会除了管理本会基金,受托代管清华大学基金外,还受托代管静生生物调查所基金、中国政治学会图书馆基金、丁文江纪念基金、范太夫人奖学金等。在第二类工作中,董事会以多种方式,把所掌管的资金用于"发展科学知识,及此项知识适于中国情形之应用,其道在增进技术教育,科学之研究,试验与表证,及科学教学法之训练","促进有永久性质之文化事业,如图书馆之类"②。

第三节　实施研究教席项目和科学教席项目

实施研究教席和科学教席项目是1930年代中基会工作的一个重要内容。从1930年起,中基会始设研究教授席并予以资助,聘请国内有成就的知名学者在设备相对完善的机构从事专门研究。

---

①冯友兰:《校史概略》,《清华周刊》1931年第8—9期。
②《中华教育文化基金董事会第一次报告》,1926,第3页。

一、研究教席项目的实施

(一)颁布《科学研究教授席办法》

《中华教育文化基金董事会第五次报告》中载有改订后的《科学研究教授席办法》[1],规定了设立研究教授席的细则及实施办法,如包括人员选聘、任期、薪资、主要任务等:

第一条 本会设计研究教授若干席,由本会聘请中外著名学者充任,在国内设备充足,工作便利之研究机关,施行研究。

第二条 研究教授之任期,暂定为一年至五年。

第三条 研究教授,由本会直接遴聘。其研究地点,由本会与教授及接受教席之机关,三方商定。在研究期内,如教授或本会认为不合时宜时,得酌量变更研究地点。

第四条 接受研究教席之机关,应充分与教授以研究上之便利;所有普通设备,动力及消耗物品,俱由接受教席之机关担任。

第五条 研究教授之薪俸,由本会按照聘约直接致送。此外每席每年并得支设备补助费二千元,调查及助理费一千元以内。惟此二项费用之预算,俱须先经本会核准,方为有效。

第六条 研究教授之主要任务,在施行及指导科学研究。但于必要时,得在接受教席之机关,每周任课三小时以内。惟不得另受任何薪俸或津贴。

第七条 研究教授应将研究所得结果著为论文,交本会印布,或由研究教授自交相当机关刊行。但如由研究教授自行刊布,须赠与本会论文单行本三十本,并注明本会研究教授字样。

第八条 所有由本会补助费购置之仪器,于研究终了后,悉数赠与接受教席之机关。

该种教席每届任期一至五年,可以续聘,一般都任期长久。资格限制和审查也很严格,所以名额极少,但资助的额度却很大。为使研究者能无所顾虑地

---

[1]《中华教育文化基金董事会第五次报告》,1930,第52页。

专心工作,该会给各教授的研究费相当充裕,因而教授名额始终不多。得到此席位者每年可获 5 000 元左右的补助①。在1937年7月抗日战争全面爆发前,大学普通教授的月薪一般在 300—400 元,而此研究教授却有 600 元,是令人羡慕的职务。

(二)研究教席项目的资助及成果

自1930年起,先后被中基会选中聘任的研究教授,有地质学家翁文灏(实业部地质调查所)、李四光(北京大学地质学系)、葛利普(实业部地质调查所)、考古学家李济(中央研究院历史语言研究所)、动物学家秉志(中国科学社生物研究所)、化学家庄长恭(中央研究院化学研究所)、植物学家陈焕镛(中山大学植物研究所)、植物学家胡先骕(静生生物调查所)等。这批学者、教授除自作研究外,还指导所在研究处所之人员施行研究。所得结果,俱甚丰富。

1931年,翁文灏和李济开始担任科学研究教授,翁文灏在实业部地质调查所研究地质学及地理学,李济在中央研究院历史语言研究所研究考古学。②

翁文灏的著述有:刊登于《地学杂志》上的《清初测绘地图考》和《西洋人探查中亚地理摘记》;刊登于《地质汇报》上的《扬子江中下游重要地层之比较》;刊登于《中国地质学会志》上的与王绍文合作的《黄玉结晶之研究》;《河流侵蚀力之速率》及《四川的地形演化和人生关系》;等等。③ 1932年,翁文灏教授的研究问题主要分为三部分:(1)研究华北河流之冲积量与估计沉淀及侵蚀之速率;(2)测算中国各省面积;(3)煤质溶解试验。关于第一项工作,曾著论文一篇,"A Quantitative Study of Sedimentation and Erosion in North China",载于《中国地质学会志》第十卷。面积测算,已有相当成绩,后又测量中国各平原、高原、山脉等自然区之面积。翁文灏根据石炭之分析,将中国石炭分类,著成专篇,其中创立名类,颇合实用。对于第三项工作,翁教授与金开英教授合作开展煤质溶解试验,以期与其他燃料研究互相比较。除个人工作外,翁教授所担任指导之研

---

① 任鸿隽:《十年来中基会事业的回顾》,《东方杂志》1935年第7期。
② 《中华教育文化基金董事会第七次报告》,1932,第26页。
③ 《中华教育文化基金董事会第六次报告》,1931,第19页。

究及试验多种,均有相当结果。①1933年,翁教授的工作大概分为四项:第一项研究为中国人口及耕地的分布之研究,已用通俗文字作成论文一篇,由中国太平洋国际学会出版,文中估定新疆之可耕地面积与西方地理学者同时发表之估计不谋而合;第二项研究为中国煤矿储量之估计,其提要已由第五次太平洋科学会议刊印;第三项研究为康熙乾隆地图考证,包括当时所用投影方法之考证,成论文一篇,作为故宫博物院重印乾隆铜版地图之序文;第四项为中国山脉盆地之研究,可为我国自然区域形势得一根本之了解。②

1931年,李济教授担任中基会科学研究教授,其研究工作包括发掘、整理、测绘、编著诸方面。李济于1931年春在安阳开始了对殷墟古迹第四期的发掘,出土的物品以铜器为多,后又着手关于湖北、陕西两省古代人体测验工作。此外,李济又与山东古迹研究会合作,在历城县(今济南市历城区)主持城子崖发掘工作,并发现两层文化。③1932年,李济教授除筹备及指导龙山浚县等处的发掘工作外,还在安阳探寻殷墟范围,发现了许多重要建筑遗物。至于研究工作方面,最著名的是关于殷墟出土物的论文。④1933年,李济教授在田野工作及研究两方面都取得不小的成绩。田野工作方面,有安阳第七次发掘、浚县第二次及第三次发掘。安阳工作,此次注重建筑基础;曾发现长60公尺(60米)之版筑堂基,及基上托柱之石础,并清出多量之居穴。因此得到了有关殷商古建筑之形状的进一步之了解。浚县第二次发掘,集中于墓葬问题,其中清理已盗之墓葬11座,其中有一殉葬坑,计藏马骨60余架,车10乘,犬骨8架。以马殉葬之俗,在中国为第一次发现,实与所传汉代之匈奴及中亚之斯西安之风俗相合。在东亚考古史上,此为一重要之新史实。浚县第三次发掘,在淇河北岸得仰韶式遗址一处,出彩陶甚多,新样花纹亦多。⑤研究方面,除大量发表的论文外,关于各地出土物品之整理、修补及分类诸工作,仍在李济教授的指导下进行。但是由于1933年春季日军威胁华北,中央研究院历史语言研究所南迁上海,以致

---

① 《中华教育文化基金董事会第七次报告》,1932,第26页。
② 《中华教育文化基金董事会第八次报告》,1933,第7页。
③ 《中华教育文化基金董事会第六次报告》,1931,第19页。
④ 《中华教育文化基金董事会第七次报告》,1932,第26—27页。
⑤ 《中华教育文化基金董事会第八次报告》,1933,第7—8页。

研究工作受到了些许影响。①1935年,李济最重要的工作是监督安置南京新建实验室之种种设备,并组织及参加第十和第十一两次安阳发掘。此两次发掘,均集中于侯家庄,发现古代墓葬一处,其范围甚大。由各大小墓及殉葬坑中所得之石刻、铜器等古物,极为丰富,有向未经著录者,与小屯物品同为殷商时代极可靠而有系统之史料。②后来中央研究院历史语言研究所迁至昆明后,李济继续研究河南小屯小土陶器,并利用田野记录及照片开始对殷墟版筑遗迹加以测绘,制成图表多幅,并不断对陶器进行整理、分类,并撰写相关报告。

李济在担任科学研究教授期间完成了许多学术成果,其中,《俯身葬》刊登于《安阳发掘报告》,《发掘龙山城子崖的理由及成绩》刊登于《山东省立图书馆季刊》,《安阳最近发掘报告及六次工作之总估计》刊登于《安阳发掘报告》,《殷墟铜器五种及其相关之问题》载于《庆祝蔡元培先生六十五岁论文集》,《中国考古报告集之一——城子崖发掘报告序》刊登于《东方杂志》。此外,还有《近数年中国考古研究概况》《殷墟铜器之研究》等成果。

1932年,秉志开始任中基会科学研究教授,并在中国科学社生物研究所及静生生物调查所两处施行研究,以研究软体动物之分类及分布为主。其调查中国沿海腹足类之分布,并与金叔初共同研究香港的软体动物。在中国科学社生物研究所,除致力于形体学及生理学研究外,秉志还联合该所动物部全体研究人员,从事长江流域之动物调查。③1933年秉志教授所研究之问题,大概分为七部分。第一部分为扬子江下游动物之分布。第二部分为中国沿海之经济鱼类,其范围暂以山东、浙江、福建等省所产为限,与改良中国水产及渔业,甚有关系。第三部分为浙江鱼类化石二种之报告。第四部分与金叔初合作,为关于香港腹足类软体动物之报告,于该地腹足类动物之研究略称完备。第五部分亦是与金叔初合作的,报告北戴河舟足类动物之一新种,此新种在我国北方发现,为一新纪录。第六、七两部分皆研究中国西北各省之腹足类动物,其中新疆甚多。并且秉志教授的许多研究成果都已作成报告,分载于各重要刊物中。秉志对于分

---

① 《中华教育文化基金董事会第八次报告》,1933,第8页。
② 《中华教育文化基金董事会第十次报告》,1935,第6页。
③ 《中华教育文化基金董事会第七次报告》,1932,第27页。

类、形体、生态及生理诸问题，尚有研究数项。[1]1935年，秉志继续在中国科学社生物研究所工作，其研究可分为实验及分类两部分。属于实验方面者，有电流刺激达于四肢之延迟性一项，系以豚鼠大脑为研究材料，结果已在该所专刊中发表。此外，秉志教授在该所及北平静生生物调查所之研究工作数种，均已有相当结果。[2]

从1932年至1935年担任科学研究教授以来，秉志发表的文章和报告主要有：《中国沿海腹足类之初步调查》《中国北方螺类之五新种》《香港之软体动物》及《蜥蜴舌部之附正筋肉解剖》。《扬子江下流动物之概略》载于北京《博物》杂志第7卷第3号；《浙江鱼类化石二种》载于《中国地质学会志》第12卷第3期；《新疆腹足类之研究》载于《国立北京大学自然科学季刊》第3卷第3号；《中国西北各省腹足类之研究》载于《静生生物调查所汇报》第4卷第6号；《北戴河舟足类之一新种》载于《静生生物调查所汇报》第5卷第11号。并且其《香港腹足类之研究》（第3部，续前）送至香港发表，《中国沿海各处之经济鱼类》则被送往太平洋科学会议发表[3]。秉志教授的分类工作，大都取材于软体动物，也已完成报告两篇，一篇是《大同腹足类之分类》，另一篇是与金叔初合作的《香港软体类之研究》。另有两篇论文是《北戴河牙螺之一类》及《新疆之化石昆虫》，都在《动物学杂志》发表。[4]后又完成《家兔大脑皮受割、其他大脑半球动作点、所发生之变迁》和《白鼠吸收酸素之量、及一部分脑皮受损三日后、与两月后所生之影响》两篇论文。[5]此外，在《中国科学社论文专刊》上发表了一篇《白鼠大脑皮层受损伤后一切呼吸现象所受之影响》。[6]

1934年庄长恭被聘为中央研究院化学研究所科学研究教授。由于庄氏当年还担任中央大学理学院院长，所以事务比较繁忙，不能完全致力于研究，其向董事会申请一年假期并得到批准，故其实际上1935年才到中央研究院化学研

---

[1]《中华教育文化基金董事会第八次报告》，1933，第8页。
[2]《中华教育文化基金董事会第十次报告》，1935，第6页。
[3]《中华教育文化基金董事会第八次报告》，1933，第8页。
[4]《中华教育文化基金董事会第十次报告》，1935，第6页。
[5]《中教文化基金补助-科学研究四教授席-考古动植物及化学》，《申报》，1939年9月10日。
[6]《中华教育文化基金会科学教授研究近况》，《申报》1941年9月23日。

究所从事研究工作。其研究成果有："Kondensation von Butadien mit Alkyl-benzo-chinonen; Kondensation von Oxal-ester mit B-Methyl-tricarballylsäure-ester; Synthe-sen mittels cyclischer Ketonsäure-ester, I Mitteil.: Synthese von 2-Methylcyclohexan-essigsäure-(1)-carbonsäure-(2)und verwandten Verbindungen; Synthesen mittels cyclischer Ketonsäure-ester, II Mitteil.: Synthese von Cyclo-hexan-diessigsäure-(1, 2)und verwandten Verbingungen"，这些成果都刊登于《德国化学会会志》。①

1935年，陈焕镛正式担任研究教授，其任期为三年，在中山大学农林植物研究所及广西大学经济植物研究所两处分期施行研究。1938年4月，陈焕镛教授辞去广西大学研究教授，专门在中山大学施行研究。在荷兰举行的第六次国际植物学会上，陈焕镛教授被推选为植物分类及命名组副主任。后期工作主要为研究苦苣苔科、壳斗科及粤桂湘黔四省区之植物，并用一部分时间编著《广东植物志》《海南植物志》。

(三)研究教席的积极影响

科学研究教授席项目的实施，有助于高校教师和学生接触到国内外最前沿的科学技术，对于开阔高校教师和学生眼界亦有裨益。所有科学研究教授席都在其相应学科领域获得了重大成就，成为目前中国各学科发展的重要支撑，在国际上也具有一定影响。②如庄长恭教授于1934年至1938年投入大量精力研究与"甾体"相关的化合物合成，其相关成果达到了该领域的国际一流水平，被国际广泛引用。③

此外，该项目的实施充实了大学和研究机构的科学研究设备，《科学研究教授席办法》提到"科学研究教授席将设于国内设备充足、工作便利之研究机关，施行研究"。中基会还拨给科学研究教授席每席每年设备补助费2 000元。且所有用中基会补助费购置的仪器，将全部赠予接受教席的机关和学校。这也体现了当时科学研究设备对于科学研究事业的重要性。当时接受研究补助的重

---

①《中华教育文化基金董事会第十次报告》，1935，第6—7页。
②王奇生：《中国留学生的历史轨迹(1872—1949)》，湖北教育出版社，1992，第62页。
③刘小云：《论中华教育文化基金会与中国科教现代化》，《洛阳师范学院学报》2002年第1期。

点高校北京大学,自1931年起中基会对其每年拨款10万元。中基会为各高等教育机构增添了大量教学和科研设备,推动了中国科学教育的发展,奠定了中国科研的基础。

二、科学教席项目的实施

1927年7月,科学教席项目正式开始。1927年至1929年期间,总共设立的教席数为54座,平均每年设立17座教席,科学教席的发展势态为逐步上升趋势。[①]所有的科学教席,除了由于学校停顿或其他事故未能设置外,均由该校的校长推荐到会,次第聘订。[②]

教授就任之后,都尽职尽责,并按照《设立科学教席办法》报告本年的工作状况和下一年的教学计划。虽然各个教授的教学理念和教学实施都不尽相同,然而对于培养师资及改良中等学校之理科教学,都颇有兴趣,并付诸实践、努力推行,望实现推进科学教学的目标。由于效果颇著、意义深远,设置过此教席的大学纷纷希望能增设教席,于是1928年3月,在中基会的常会上决定,自1929年起每处再增设一座教席。所担任的科目和教授人选,都由该校校长推荐。但由于国民革命对教育事业的影响,经过1929年执行委员会讨论,在原计划的基础上,中山大学增设一座教席,其他数目暂不变更。

按照1926年的《科学教席分配要则》,每校至多可设5座教席,但北京师范大学、东南大学、东北大学、中山大学均未设满,武昌大学和北京女子大学及北京女子师范大学两处都未申请设教席。经调查,武昌大学校长之前已推荐三名教授到会并领去第一年度设备补助费一期后,因为时局动乱,校务未能照常进行,所聘任的教授也未能就职。此外,北京女子大学及北京女子师范大学对于章程中所定两校合作方法,迄未商妥。所以以上两处,所有科学教席及设备补助费(除武昌大学领去一期外),均未接受。由于是开设教席的第一年,制度并未完善,规模也较小,所以开设教席数未满,也在预料之中,但总体来说,是一个

[①]汤燕:《庚款教授席的实施与效果分析》,硕士学位论文,苏州大学,2015,第14页。
[②]《中华教育文化基金董事会第二次报告》,1927,第12页。

很好的开端。

1927年开设教席共17座。

表5-1 科学教授席表(1927年)[①]

教授姓名	授课学校	担任科目
张贻侗	北京师范大学	化学
文元模	北京师范大学	物理学
李顺卿	北京师范大学	植物学
张耀翔	北京师范大学	教育心理学
张准	东南大学	化学
查谦	东南大学	物理学
陈桢	东南大学	动物学
艾伟	东南大学	教育心理学
庄长恭	东北大学	化学
丁绪宝	东北大学	物理学
姬振铎	东北大学	教育心理学
陈煜	广州中山大学	化学
柳金田	广州中山大学	物理学
黎国昌	广州中山大学	动物学
曹任远	成都大学、成都高等师范	化学
罗世嶷	成都大学、成都高等师范	植物学
李璜	成都大学、成都高等师范	教育心理学

1928年共设科学教授席19座,科学教授席事业进展顺利,不仅科学教授席的开设数量增多,科学教授席的效果也更加明显。1928年教席变化如下。新设教席为中央大学:吴正之(物理学)、曾昭抡(化学)、蔡堡(动物学);广东中山大学:费鸿年(动物学)、汪敬熙(教育心理学)。取消的教席为:东南大学化学教席

[①]《中华教育文化基金董事会第二次报告》,1927,第12页。(本表信息引用时原文照录,未做改动)

张准、广州中山大学动物学教席黎国昌、成都大学教育心理学教席李璜。教席调动为：陈桢由东南大学调到北京师范大学担任动物学教席，艾伟由担任动物学教席改为担任教育心理学教席，任教大学不变。

表5-2　科学教授席表(1928年)[①]

教授姓名	学历	所在学校	担任学科
文元模	东京帝国大学理学士	北京师范大学	物理学
张贻侗	伦敦大学化学学士	北京师范大学	化学
李顺卿	芝加哥大学植物学博士	北京师范大学	植物学
陈桢	哥仑比亚大学硕士	北京师范大学	动物学
张耀翔	哥仑比亚大学硕士	北京师范大学	教育心理学
魏嗣銮	德国苟廷根大学博士	成都大学	物理学
曹任远	德国亚历山大大学博士	成都大学	化学
罗世嶷	法国耶鲁大学理科硕士	成都大学	植物学
柳金田	东京帝国大学理科学士	广东中山大学	物理学
陈焜	麻省工科大学科学硕士	广东中山大学	化学
费鸿年	东京帝国大学卒业	广东中山大学	动物学
汪敬熙	约翰哈斯金大学心理学博士	广东中山大学	教育心理学
丁绪宝	芝加哥大学科学硕士	东北大学	物理学
庄长恭	芝加哥大学化学博士	东北大学	化学
姬振铎	巴福楼大学教育学士	东北大学	教育心理学
吴正之	芝加哥大学物理学博士	中央大学	物理学
曾昭抡	麻省工科大学博士	中央大学	化学
蔡堡	哥仑比亚大学肄业	中央大学	动物学
艾伟	佐治华盛顿大学博士	中央大学	教育心理学

[①]《中华教育文化基金董事会第三次报告》，1929，第9—10页。(本表信息引用时原文照录，未做改动)

1929年共设科学教授席18座。

表5-3 科学教授席表（1929年）①

教授姓名	学历	所在学校	担任学科
文元模*	东京帝国大学理学士	北平第一师范学院	物理学
张贻侗*	伦敦大学化学学士	北平第一师范学院	化学
李顺卿*	芝加哥大学植物学博士	北平第一师范学院	植物学
吴有训#	芝加哥大学物理学博士	中央大学	物理学
曾昭抡	麻省理工大学化学博士	中央大学	化学
蔡堡	雅理大学哥仑比亚大学学士	中央大学	动物学
许骧	哈佛大学植物学博士	中央大学	植物学
艾伟	佐治华盛顿大学博士	中央大学	教育心理学
丁绪宝	芝加哥大学硕士	东北大学	物理学
庄长恭	芝加哥大学化学博士	东北大学	化学
姬振铎	巴福楼大学教育学士	东北大学	教育心理学
朱物华	哈佛大学博士	广东中山大学	物理学
陈煜	麻省理工大学硕士	广东中山大学	化学
费鸿年#	东京帝国大学卒业	广东中山大学	动物学
汪敬熙	约翰哈金斯大学心理学博士	广东中山大学	教育心理学
魏嗣銮	德国苟廷根大学博士	成都大学	物理学
曹任远#	德国亚历山大大学博士	成都大学	化学
罗世嶷	法国耶鲁大学理科硕士	成都大学	植物学
*十八年二月就职，#已辞职			

从1930年代开始，中基会继续加强了科学教席计划，科学教授席的数量猛增而且基本稳定，并且设立科学教授席的学校和被聘请的教授也不断增多。

1930年共设科学教席24座，较之上年度增加6座。

---

①《中华教育文化基金董事会第四次报告》，1929，第8—9页。（本表信息引用时原文照录，未做改动）

表5-4　科学教授席表(1930年)[①]

教授姓名	学历	所在学校	担任学科	附注
查谦	明尼苏达大学物理学博士	中央大学	物理学	新聘
曾昭抡	麻省理工大学化学博士	中央大学	化学	
蔡堡	雅理大学哥伦比亚大学学士	中央大学	动物学	
许骧	哈佛大学植物学博士	中央大学	植物学	
艾伟	佐治华盛顿大学博士	中央大学	教育心理学	
文元模	东京帝国大学理学士	北平师范大学	物理学	
张贻侗	伦敦大学化学学士	北平师范大学	化学	
李顺卿	芝加哥大学植物学博士	北平师范大学	植物学	
邱大年	哥伦比亚大学师范院哲学博士	北平师范大学	教育心理学	新聘
丁绪宝	芝加哥大学硕士	东北大学	物理学	
庄长恭	芝加哥大学化学博士	东北大学	化学	
刘崇乐	康奈尔大学哲学博士	东北大学	动物学	新聘
姬振铎	巴福楼大学教育学士	东北大学	教育心理学	
潘祖武	柏林大学苟廷根大学研究院毕业	武汉大学	物理学	新聘
王星拱	伦敦大学理科化学士	武汉大学	化学	新聘
叶雅各	耶鲁大学理学士及林学硕士	武汉大学	植物学	新聘
魏嗣銮	德国苟廷根大学博士	成都大学	物理学	
林兆倧	利兹大学化学士	成都大学	化学	
周太玄	法国蒙伯里亚大学硕士	成都大学	动物学	新聘
罗世嶷	法国耶鲁大学理科硕士	成都大学	植物学	
朱物华	哈佛大学博士	广东中山大学	物理学	
陈煋	麻省理工大学硕士	广东中山大学	化学	
陈焕镛	哈佛大学硕士	广东中山大学	植物学	
汪敬熙	约翰·哈斯金大学心理学博士	广东中山大学	教育心理学	

[①]《中华教育文化基金董事会第五次报告》,1930,第13页。(本表信息引用时原文照录,未做改动)

1931年共设科学教席28座,较之上年度增加4座。

表5-5　科学教授席表(1931年)①

教授姓名	学历	所在学校	担任学科	附注
查谦	明尼苏达大学物理学博士	中央大学	物理学	
曾昭抡	麻省理工大学化学博士	中央大学	化学	
蔡堡	耶律大学哥伦比亚大学学士	中央大学	动物学	
许骧	哈佛大学植物学博士	中央大学	植物学	
艾伟	佐治华盛顿大学博士	中央大学	教育心理学	
文元模	东京帝国大学理学士	北平师范大学	物理学	
张贻侗	伦敦大学化学学士	北平师范大学	化学	
雍克昌	巴黎大学博士	北平师范大学	动物学	新聘
李顺卿	芝加哥大学植物学博士	北平师范大学	植物学	
邱大年	哥伦比亚大学师范院哲学博士	北平师范大学	教育心理学	
丁绪宝	芝加哥大学硕士	东北大学	物理学	
庄长恭	芝加哥大学化学博士	东北大学	化学	
刘崇乐	康奈尔大学哲学博士	东北大学	动物学	
汤佩松	约翰哈金斯大学博士	东北大学	植物学	新聘,由李先闻代
姬振铎	巴福楼大学教育学士	东北大学	教育心理学	
潘祖武	柏林大学苟廷根大学研究院毕业	武汉大学	物理学	
王星拱	伦敦大学化学学士	武汉大学	化学	
何定杰	巴黎大学博士	武汉大学	动物学	新聘
叶雅各	耶鲁大学理学士及林学硕士	武汉大学	植物学	
魏嗣銮	德国苟廷根大学博士	成都大学 成都师范大学	物理学	
林兆倧	利慈大学化学学士	成都大学 成都师范大学	化学	
周太玄	法国蒙伯里亚大学博士	成都大学 成都师范大学	动物学	

① 《中华教育文化基金董事会第六次报告》,1931,第17—18页。(本表信息引用时原文照录,未做改动)

续表

教授姓名	学历	所在学校	担任学科	附注
罗世嶷	法国耶鲁大学理科硕士	成都大学 成都师范大学	植物学	
刘绍禹	芝加哥大学博士	成都大学 成都师范大学	教育心理学	新聘
黄巽	里昂大学硕士	中山大学	物理学	新聘
陈焜	麻省理工大学硕士	中山大学	化学	
陈焕镛	哈佛大学硕士	中山大学	植物学	
汪敬熙	约翰哈斯金大学心理学博士	中山大学	教育心理学	

1932年共设教席26座,较之去年少2座。

表5-6　科学教授席表(1932年)[1]

教授姓名	学历	所在学校	担任学科	附注
查谦	美国明尼苏达大学物理学博士	中央大学	物理学	
张江树	美国哈佛大学硕士	中央大学	化学	新聘
蔡堡	美国雅理大学哥伦比亚大学学士	中央大学	动物学	
金树章	法国巴黎大学理科博士	中央大学	植物学	新聘
艾伟	美国佐治华盛顿大学博士	中央大学	教育心理学	
文元模	日本东京帝国大学理学士	北平师范大学	物理学	
张贻侗	英国伦敦大学化学学士	北平师范大学	化学	
李顺卿	美国芝加哥大学植物学博士	北平师范大学	植物学	
邱大年	美国哥伦比亚大学师范院哲学博士	北平师范大学	教育心理学	
丁绪宝	美国芝加哥大学硕士	东北大学	物理学	已出洋
庄长恭	美国芝加哥大学化学博士	东北大学	化学	已出洋
刘崇乐	美国康奈尔大学哲学博士	东北大学	动物学	
姬振铎	美国巴福楼大学教育学士	东北大学	教育心理学	
潘祖武	德国柏林大学古廷根大学研究院毕业	武汉大学	物理学	
黄叔寅	法国巴黎大学化学博士	武汉大学	化学	新聘

---

[1]《中华教育文化基金董事会第七次报告》,1932,第23—24页。(本表信息引用时原文照录,未做改动)

续表

教授姓名	学历	所在学校	担任学科	附注
何定杰	法国巴黎大学理科博士	武汉大学	动物学	
锺心煊	美国哈佛大学硕士	武汉大学	植物学	新聘
魏嗣銮	德国古廷根大学博士	成都大学	物理学	
林兆倧	英国利慈大学化学士	成都大学	化学	
周太玄	法国巴黎大学理科博士	成都大学	动物学	
罗世嶷	法国耶鲁大学理科博士	成都大学	植物学	
刘绍禹	美国芝加哥大学哲学博士	成都大学	教育心理学	
黄巽	法国里昂大学硕士	广州中山大学	物理学	
陈焜	美国麻省理工大学硕士	广州中山大学	化学	
陈焕镛	美国哈佛大学硕士	广州中山大学	植物学	
庄泽宣	美国哥伦比亚大学博士	广州中山大学	教育心理学	新聘

1933年以后由于国内政局更加动荡，加之许多科学教授都到了休假时期，所以科学教授席的数量急剧减少。1933年有教席12座，较之去年少14座。

表5-7 科学教授席表(1933年)①

教授姓名	学历	所在学校	所任学科	已设年数
金树章	法国巴黎大学理科博士	中央大学	植物学	五年
刘崇乐	美国康奈尔大学哲学博士	北平师范大学	动物学	二年
邱大年	哥伦比亚大学师范院哲学博士	北平师范大学	教育心理学	六年
潘祖武	德国柏林大学古廷根大学研究院毕业	武汉大学	物理学	四年
黄叔寅	法国巴黎大学化学博士	武汉大学	化学	四年
何定杰	法国巴黎大学理科博士	武汉大学	动物学	三年
锺心煊	美国哈佛大学硕士	武汉大学	植物学	四年
魏嗣銮	德国古廷根大学博士	四川大学	物理学	六年
周太玄	法国巴黎大学理科博士	四川大学	动物学	三年
刘绍禹	美国芝加哥大学哲学博士	四川大学	教育心理学	四年
陈焕镛	美国哈佛大学硕士	中山大学	植物学	五年
庄泽宣	美国哥伦比亚大学博士	中山大学	教育心理学	六年

① 《中华教育文化基金董事会第八次报告》，1932，第5—6页。(本表信息引用时原文照录，未做改动)

第五章 中华教育文化基金会的发展与全盛(1928—1937年)

因为这是设置科学教席的第七年,按照第七次董事会决定的《结束科学教席及科学教授休假办法》,教授得以休假,所以本年有12位教授出洋休假,他们是艾伟、文元模、张贻侗、李顺卿、丁绪宝、庄长恭、姬振铎、林兆倧、罗世嶷、陈焜、蔡堡、查谦。而本年度设立的教席中中央大学1座,北平师范大学和中山大学各2座,武汉大学4座,四川大学3座。取消的教席为中央大学张江树(化学)。除刘崇乐教授系由东北大学改在北平师范大学授课外,其余各教授没有变更学校的情况。

1934年是设置科学教席的第八年,依照结束办法,学科的设置尚未满六年者,得继续设置,所以现在仍有9座教席。

表5-8 科学教授席表(1934年)[①]

教授姓名	学历	所在学校	所任学科	已设年数
金树章	法国巴黎大学理科博士	中央大学	植物学	六年
刘崇乐	美国康奈尔大学哲学博士	北平师范大学	动物学	在东北大学二年 在师范大学三年
潘祖武	德国柏林大学古廷根大学研究院毕业	武汉大学	物理学	五年
黄叔寅	法国巴黎大学化学博士	武汉大学	化学	五年
何定杰	法国巴黎大学理科博士	武汉大学	动物学	四年
锺心煊	美国哈佛大学硕士	武汉大学	植物学	五年
周太玄	法国巴黎大学理科博士	四川大学	动物学	四年
刘绍禹	美国芝加哥大学哲学博士	四川大学	教育心理学	五年
陈焕镛	美国哈佛大学硕士	广州中山大学	植物学	六年

1935年度为设置科学教授席之第九年,现有教席仅为6座,较1934年少3座,较1933年度少6座。担任此6席之教授,均为续聘,皆在原指定之学校任教。

[①]《中华教育文化基金董事会第九次报告》,1934,第8页。(本表信息引用时原文照录,未做改动)

表5-9 科学教授席表(1935年)①

教授姓名	所在学校	担任学科	已设年数
潘祖武	国立武汉大学	物理学	六年
黄叔寅	国立武汉大学	化学	六年
何定杰	国立武汉大学	动物学	五年
锺心煊	国立武汉大学	植物学	六年
周太玄	国立四川大学	动物学	五年
刘绍禹	国立四川大学	教育心理学	六年

第四节 设立科学研究补助金及奖励金

中基会设立科学研究补助金及奖励金的目的一方面在于奖励科学的贡献，另一方面是造就专门研究的人才。

一、补助金

设立于1928年，分为甲、乙、丙三等。②

甲种，金额最高，"为有成绩能独立研究的学者而设，与研究教授的位置相等，但期限较短而已"。专为教授们利用休假时间从事研究者而设。取得这类补助的有丁文江、严济慈、刘树杞、侯德榜等。

乙种，为大学毕业后从事科学研究的青年学者而设，旨在使他们得到深造的机会，"使学者得到研究的训练"。接受这种补助金的，以曾在国内外大学毕业而有志深造的学者为多。

甲、乙两种给予有成就的研究者，地位与研究教授相等。资助对象以从事天文、气象、地学、算学、理化、生物科学的为限。每年补助500—1 500美元不

---

① 《中华教育文化基金董事会第十次报告》，1935，第5页。(本表信息引用时原文照录，未做改动)
② 任鸿隽：《十年来中基会事业的回顾》，《东方杂志》1935年第7期。

等,获得者大多用这笔资助出国深造,成为一项特殊的留学费用。

丙种,金额最低,以资助不需要大量经费的科学研究,教授、学生均可接受。每年补助国币500元。1933年起改为"特种"。此种补助以生物科学者为主。

这些补助金的特点是申请者只需提供成绩,不经考试即可取得,无论何处的研究者都有得到这种补助的机会,而且上述几种补助金不限研究地点,研究地点在国内外均可,并不限于外国,也不固定在一国,可以获得世界各大科学家和研究室与之协作的好处。

由于该补助金的特点,自从1928年开设以来,收到了明显的效果。1928—1934年,共有283人受益于这种补助金。接受者大致以生物科学最多(146人)、数理化学科其次(110人)、天文气象和地学最少(27人)。如以国别划分,则以中国最多(118人),美国居第二位(77人),法国(35人)、德国(25人)、英国(15人)等国居其次。

表5-10 科学研究补助金接受者学科分类表[1]

年度	学科			总计
	天文气象及地学	算学及理化科学	生物科学	
1928	2	7	11	20
1929	3	11	21	35
1930	5	15	26	46
1931	4	19	20	43
1932	3	19	22	44
1933	4	19	23	46
1934	6	20	23	49
总计	27	110	146	283

[1]任鸿隽:《十年来中基会事业的回顾》,《东方杂志》1935年第7期。

表5-11　科学研究员研究地点国别表[①]

年度	中国	美国	英国	法国	德国	其他欧洲国家	总计
1928	11	6	1	2	0	0	20
1929	20	7	1	5	2	0	35
1930	18	11	3	6	7	1	46
1931	18	14	1	6	3	1	43
1932	18	14	1	4	6	1	44
1933	16	14	4	4	5	3	46
1934	17	11	4	8	2	7	49
总计	118	77	15	35	25	13	283

1941年太平洋战争爆发后,由于客观条件限制,补助金分别由国内和美国发放,并且由于经费困难,国内的乙种补助金额降至与过去的特种相当。各种补助的范围均缩小,并曾几度暂停。

中基会的补助金制度,取得了显著的成效。在1928—1934年的七年间,共发放研究补助金333人次,其中甲种47人次,乙种185人次,丙种101人次;另外还发放奖励金7人次。这使一批优秀的科学人才获得了深造的机会。

从南开大学毕业后,1931年著名物理学家吴大猷获得了中基会乙种补助金的资助得以出国留学。他曾回忆中基会对他研究上的帮助:"在1931年,饶老师(即饶毓泰)去了德国,他建议我从事晶体方面的研究,并且申请中基会的乙种研究奖助金。他和清华教授叶企孙为我写了封推荐信。我原打算去德国,后恐语言上困难而改去美国。""我是在1931年9月到达密西(歇)根的,如果要申请中基会次年的奖学金,则必须要在1932年1月以前提出申请,但是当时我刚到密西(歇)根,尚没有研究报告可以提出,因此也没有获得第二年的奖助金。1933年我再度提出申请,于1933年又获得一年的奖助金,使我在1933年获得博士学位后,可以继续作了一年的研究。"中基会所给的奖助金是一千美元。"当时密西(歇)根大学每年的学费约一百美元,芝加哥大学每季学费为一百美元。"出国时是"与我的女朋友也就是我后来的太太一块出来的,这笔奖学金还足够负担她的费用呢"。[②]

[①]任鸿隽:《十年来中基会事业的回顾》,《东方杂志》1935年第7期。
[②]吴大猷:《吴大猷文录》,浙江文艺出版社,1999,第13—14页。

二、科学研究奖励金

该奖与补助金同年设置,不受研究者、研究地点限制,授予在自然科学及应用研究上确有成绩或发明的研究者。此奖每年定额三名,每名获奖金1 500—2 000元国币,若无适当人选,就宁缺毋滥,不予颁奖。曾出现多次年度终了无人被评上的情况。据不完全资料,该奖先后至少有9人获得,他们是:赵亚曾(地质学,1927年)、余青杉(天文学,1927年)、陈克恢(药物化学,1928年)、赵承嘏(中药研究,1930年)、秉志(动物学,1935年)、冯德培(生理学,1935年)、叶良辅(地质学,1935年)、陈寅恪(历史学,1937年)、徐锡藩(寄生虫学,1939年)。

第五节 对大学的直接资助

自1922年新学制颁布实施以来,全国大学数量迅速增加,到1931年全国已有70余所大学。但是当时高等教育的专业和学科结构并不合理。大学的专业、课程偏重文法而忽视实科,开设理、工、农、医院系的大学仅占10%左右。理、工、农、医类学科的学生占大学生总数的30%左右。因此,国民政府教育部提倡高等院校开设实科院系和课程。中基会从1926年开始将资助的重点转向大学之试验设备以促进研究,到抗战前共资助了36所大学。

一、资助大学的主要方式

中基会对大学的资助,主要体现在两个方面,其一是资助大学购置理科教学与研究设备,其二是对大学特种事业的资助,特别是对大学在农、工、医科等方面的资助。

根据任鸿隽《中基会与中国科学》一文的描述,当时选择成绩最大、希望最大的单位给予一年或数年的资助。

农学资助的单位有中央大学农学院、岭南大学农学院、金陵大学农学院、中山大学农学院。

工学资助的单位有上海交通大学工业研究所、唐山工学院、北洋工学院、河北工学院、焦作工学院。同时也资助了工学研究机构,如工业实习社等。

医学资助单位有湘雅医学院、中央大学医学院、同济大学医学院、卫生署第一助产学校、医师研习所等。

中基会资助的重点大学有北京大学、南开大学、武汉大学、浙江大学、厦门大学、上海大同大学等。

二、对北京大学的资助

当时的北京大学在全国高等教育界具有重要的地位和影响力,也是最早获得中基会资助的大学。

中基会成立后,北京大学发生了财务危机,中基会及时给予了经费支持。1925年8月,北京大学因章士钊"思想陈腐,行为卑鄙",宣言反对他担任教育总长以及与教育部脱离关系。章士钊当时一再压迫北京大学。当北京大学宣布脱离教育部后,《甲寅》周刊即散布解散北京大学的谣言,对其进行威胁;1925年9月5日,段祺瑞政府内阁会议决定,停发北京大学经费。因此北京大学的教授、职员们一度得不到薪金。在这个危急时刻,刚刚成立的中基会决定立即对北京大学进行财务援助,使得北京大学能发放薪金,正常运转,渡过财务危机。

南京国民政府成立后,北京失去首都地位,成为故都。北京自1928年改名北平之后,已不再是人才济济的文化中心,学者们纷纷南下另谋出路。彼时北京大学教授薪俸低廉,入不敷出,只能外出兼职。北京大学的发展也受到了影响,理科教育所受影响更加明显。

经胡适(自1927年起任中基会董事会董事)等人多方努力,为北大争取到中基会的资助。20世纪30年代后,蒋梦麟、胡适等先后北上重返北京大学,联手治校。此间,他们推动中基会为北京大学的复兴做出了重要贡献。

1931年1月9日在中基会第五次常会上,时任美方董事的顾临首次提出中基会与北京大学的合作特款,顾临提议自1931年起至1937年止,中基会每年拨付10万元,北京大学每年拨付20万元用于设立研究讲座及专任教席。与会董事一致通过顾临所提设立与北京大学"合作研究特款",由中基会与北京大学合作设立研究讲座及专任教席一案。同年3月,胡适代表中基会执委会与北京大学草拟《北京大学与中基会合作研究特款办法》,用以:"(1)设立北大研究教授;(2)扩充北大图书仪器及他种相应的设备;(3)设立北大助学金及奖学金。"①董事会同时亦明确规定:这份合作特款不在补助费用中开列,而是在"合办事业"中,除与北大的合作研究特款用于设置研究教授讲席并添置图书仪器设备以外,在其资助下也促成部分图书馆的建设。

同年4月24日,中基会召开第三十六次执委会,修正并通过中基会与北京大学合作设立研究教席及奖学金案,聘蒋梦麟、任鸿隽、胡适、傅斯年、翁文灏组成顾问委员会。

1930年12月,蒋梦麟重回北大任校长后,将汉花园(沙滩红楼老校区)以北的嵩公府全部买下,并利用中基会补助的部分款项和全校教职工及北京大学毕业生的捐助,在红楼身后建造了三大建筑,"一个容量相当大的图书馆,一个很实用的地质馆,以及一所漂亮的学生宿舍",均为当时全国各大学中难得见到的一流建筑设备。北京大学图书馆楼和地质学馆楼均由梁思成、林徽因设计,1935年完成建设。图书馆楼西南角最下方镶嵌有"中华民国二十三年四月十五日北京大学校长蒋梦麟奠基"石碑。

蒋梦麟先生后来在自传性回忆录中写道:

从民国十九年到二十六年的七年内,我一直把握着北大之舵,竭智尽能,……在许多朋友协助之下,尤其是胡适之、丁在君(文江)和傅梦真(斯年),北大幸能平稳前进,仅仅偶尔调整帆篷而已。

科学教学和学术研究的水准提高了。对中国历史和文学的研究也在认真进行。教授们有充裕的时间从事研究,同时诱导学生集中精力追求学问,一度曾是革命活动和学生运动漩涡的北大,已经逐渐转变为学术中心了。②

由于中基会与北京大学的关系日益密切,1930年,双方通过了《北京大学与中华教育文化基金董事会合作研究特款办法》(以下简称《办法》)。该《办法》以

---

①张睦楚、孙邦华:《从理想主义到现实激荡——中基会与"北大合作特款"下的学人分歧》,《现代大学教育》2014年第5期。

②蒋梦麟:《蒋梦麟述怀》,商务印书馆,2019,第217页。

五年为期的100万元资助为北京大学的革新和发展提供了资金方面的保障,成为帮助北京大学走出困境重新振兴的关键。中基会从1931年起至1935年向北京大学每年提供国币20万元,支持其学术研究,并在北京大学设立研究教授,暂定名额35名。该《办法》明确规定:"研究教授,为学术上的需要,得由北大给假往国外研究一年,除支原薪外得实支旅费,并得由顾问委员会依其所在地之需要,酌量津贴其费用。"[1]中基会资助研究教授年俸为4800—7200美元不等。在这一《办法》中,研究教授的出国学术休假待遇高于科学研究补助金获得者,并且不再限于科学学科教师。学术休假制度通过中基会资助在北京大学得以拓展。[2]

在这方面,著名学者刘树杞有着一定代表性。刘树杞1913年考取湖北省公费赴美留学,1919年获得哥伦比亚大学化学工程博士学位,回国后曾任武汉大学代理校长、湖北省教育厅厅长。1929年刘树杞申请到中基会甲种科研补助金后,再度赴美留学研究电话工程和制革学,并完成了电解制造铍铝合金方面的论文,其研究成果得到国际化学界的高度评价。1931年,刘树杞回国后受聘为北京大学理学院院长。他与中基会进行了多项合作,也给北京大学带来了积极效应。在他之后许多优秀人才受聘于北京大学,如数学系主任江泽涵、物理系主任饶毓泰、化学系主任曾昭抡、生物系主任张景钺,他们充实了北京大学的科学研究队伍,使北京大学扭转了理科薄弱的局面,并使理科水平达到全国一流水平。

在中基会"合作研究特款"的资助下,北京大学先后分批聘请了29位学者为研究教授。其中有汪敬熙(心理学)、王守竞(物理学)、曾昭抡(化学)、刘树杞(化学)、冯祖荀(数学)、许骧(生物学)、丁文江(地质学)、李四光(地质学)、刘志扬(法学)、赵乃抟(经济学)、周作人(文学)、刘复(文学)、陈受颐(史学)、徐志摩(文学)、汤用彤(哲学)等。

正是因为有中基会的资助,北京大学才能基本收支平衡。北京大学的各项教育事业发展也大多呈现连续的态势,极大地促进了北京大学教育文化事业的

---

[1]《中华教育文化基金董事会第六次报告》,1931,第51—52页。
[2] 商丽浩、葛福强:《研求学术:民国时期高校教师公派出国制度的演进》,《浙江大学学报》(人文社会科学版)2015年第6期。

第五章 中华教育文化基金会的发展与全盛(1928—1937年)

发展。北京大学聘任的研究教授和名誉教授,几经淘汰,形成了一批以头等教授为主的精良团队。

北京大学自1931年起得到中基会每年10万元的资助后,设备大为改善,其中以化学仪器和药品最多,物理仪器次之;生物、心理、地质、数学又次之。至1935年,实验设备之价值已达50余万元,计有仪器6 200余件,标本16 700余件,药品及实验用具3 100余件。[1]

北京大学每年均会得到中基会的资助,并通过这一资助在全国高校中稳定了其示范地位。中基会事业开展的黄金时期正是在1939年庚款停付之日之前,之后陆续遭遇国币贬值、存废危机、投资烟化,虽然其事业开展呈现出不稳定与不平衡特性,但从中基会后期对北京大学的资助来看,依然并无太大波动。[2]中基会与北大合作特款项目稳定了北京大学的教师队伍,引进了国内若干著名学者,同时培养了不少拔尖人才,提高了教学质量和科学研究水平,增加了图书资料与仪器设备等。

表5-12 中基会关于北京大学合作特款预算表(以1935年为例)[3]

名目	数额(元)
研究教授薪金	120 600
助学金	4 500
乙种奖学金	5 400
图书	50 400
仪器及药品	46 600
学术印刷费	5 000
完成图书馆建筑费	50 000
修理及图书馆普通设备	5 760
准备金	10 740
合计	299 000

---

[1]杨翠华:《中基会对科学的赞助》,台湾"中研院"近代史研究所,1991,第144页。
[2]张睦楚、孙邦华:《从理想主义到现实激荡——中基会与"北大合作特款"下的学人分歧》,《现代大学教育》2014年第5期。
[3]张书美、周立群:《中基会与民国高校图书馆》,《山东图书馆学刊》2010年第6期。

三、对其他大学的资助

从1935年起,中基会将资助的重点转向厦门大学海洋生物及海洋学研究,静生生物研究所庐山森林植物园的建设,为中国华洋义赈救灾总会训练农村合作社人才,以及北洋工学院设置航空动力学教授及设备等项目。为改进研究设备,中基会专门拨款订购中央研究院物理研究所工场试验仪器向中学推广,对东吴大学和厦门大学的生物材料供给所进行资助,用来供应中学所需生物标本。在中基会对自然科学所进行的资助中,生物科学占有相当比例,这对中国生物科学的发展起了很大作用。

1925年,交通大学校长凌鸿勋向中基会申请经费,中基会同意拨给常年费3万元,以三年为期;又拨给一次费2万元,作为改进工业教育及工程事业之用。1926年7月,第一次拨付的1.25万元资助费到校,学校当即组织成立了工业研究所。此后,中基会分3期,共拨付3.75万元给工业研究所。

1928年冬,交通大学改属铁道部,原定研究计划不能依照中基会核准的办法按期实现,因而中基会的拨款随之停止,研究工作也随之中断。虽然当时学校也有经常费拨款给工业研究所,但对于耗资巨大的工科试验来说,仍不足为用。因此,1930年,由前校长孙科先生再次向中基会申请15万元的资助,获准资助9万元,分3年拨给,每年3万元[1]。1934年5月2日,交通大学又函请中基会资助该校研究所,欲在研究所内再添设一组纺织试验仪器以专门研究纺织问题,请拨款资助研究所2万元。当年6月29日,中基会以"美币低落,收入锐减,财政极感困难"为由,拒绝了交通大学的请款。[2]

中基会对清华大学的研究院所也有一些资助。如1939年,清华大学无线电研究所、农业研究所、航空工程研究所、金属学研究所、国情普查研究所就从中基会拨给的特种研究费38万元中,各分得经常费7万元、9万元、6万元、7万元和4万元[3]。

---

[1]《交通大学校史》撰写组编《交通大学校史资料选编(第二卷)1927—1949》,西安交通大学出版社,1986,第234—238页。

[2]上海交通大学校史编纂委员会编《上海交通大学纪事1896—2005(上卷)》,上海交通大学出版社,2006,第252页。

[3]清华大学校史研究室编《清华大学史料选编·第三卷(上):抗日战争时期的清华大学(1937—1946)》,清华大学出版社,1994,第338页。

第五章 中华教育文化基金会的发展与全盛(1928—1937年)

在设立研究教席的时候,中基会也给予中山大学资助。1934年陈焕镛获得研究教席之前,中基会仅选定4人,即动物学家秉志、考古学家李济、化学家庄长恭、地质学家翁文灏,其后仅增加地质学家葛利普。

中基会对中山大学农林学科也给予资助。1930年,中山大学农科计划创办稻作研究所和植物研究所,农科主任沈鹏飞向中基会提出了资助申请,在申请函中请求中基会给予支持:"敝科预算年约20万元强,而该所之经费年需20 504元,适作敝科预算十分之一。以敝科事业范围之广,附属机构之多,预算之紧,犹核准该所于预算中,作此巨大之额数者,诚以该所事业于我国学术及社会经济上有莫大之关系,故竭力助之发展。就该所目前情形而论,亦非此数莫能维持。敝科为各项事业平均发展计,亦难独顾一面,故不得不请助于贵会也。"[1] 1931年6月26日召开的中基会第七次年会通过了对该项目的资助申请,决定持续3年向中山大学农学院每年拨款2.5万元,其中1万元用于植物研究所,1.5万元用于稻作研究所。

到1934年资助期满3年后,农学院主任邓植仪向中基会干事长任鸿隽提出了继续资助的要求。当时中基会的资助政策范围发生了变化,根据中央庚款联合会议的决定,由英庚款资助农工等教育文化事业。为此,中山大学校长邹鲁亲自致函中英庚款管理委员会和中基会,希望两个机构重新审议。在校长邹鲁等人的努力下,中基会仍然把中山大学农林植物研究所事业列入资助范围。1934年,陈焕镛与广西大学筹划合办广西大学植物研究所,当时陈焕镛所任科学教席已经6年届满,中基会又继续聘其为研究教席,支持陈焕镛在中山大学和广西大学进行植物学研究。[2] 在陈焕镛被聘为研究教授的同时,中基会继续给予中山大学农林植物研究所年度1万元的资助,但仅此一年。1935年广西大学植物研究所正式建立,为此陈焕镛致函中基会,请求增加资助额度,并确定持久资助。信函内容如下:

本年度行将结束,本所受贵会补助之期转瞬即届完满,本所同人深信贵会对兹华南唯一之研究机关当有深切之帮助。然苟如前况,则恒有朝不谋夕之

---

[1] 胡宗刚:《华南植物研究所早期史》,上海交通大学出版社,2013,第78页。
[2] 胡宗刚:《华南植物研究所早期史》,上海交通大学出版社,2013,第79页。

感。又本所之得于国际上有相当之位置,均赖贵会经济上、精神上之扶助,统愿贵会之能为本所谋一固定之基石,则深信将来进步益能超诸现况而日益光大也。镛自受命为植物学研究教授,兼于广西大学为植物研究之实行,在职责上当兼为广西大学向贵会请款,为桂省植物之采集与研究。现谨拟具补助费预算书二份,一则为本所而请,一则为广西大学而请。诸希俯赐核准,俾两广植物研究机关双轮兼进,先后争辉,或得于科学上有更大之贡献,是所至祷。①

最后,中山大学植物研究所年获经费1万元,广西大学植物研究所年获经费5000元。

可以说在中基会的重点支持下,中山大学生物学科和农科得到了持续发展,植物所经费增加了近二分之一。尽管与同期中基会对其他生物学研究机构资助相比数额较少(1935年中国科学社生物研究所获得5.2万元,静生生物调查所获得8.9万元),但至为重要。中山大学仅能承担人员工资,而办公等费用,则由中山大学支付陈焕镛薪金开支,陈焕镛本人之薪金则由中基会支付。至于调查采集、图书仪器购置、标本室建设、书刊印刷等费用,则主要来源于中基会之资助。1932年建立植物标本园,也是在中基会经费中开支。为了纪念中基会对农林学科的大力支持,1935年农林植物所钟济新、李耀发现一豆科新属,最终于1946年命名为任豆属(Zenia Chun),以铭记中基会干事长任鸿隽对农林植物研究所事业的支持。②

中山大学教育研究所的创办与发展也与中基会有关。在其创办初期,由于经费不足而向中基会申请资助。1930年,基金董事会决定向中山大学教育研究所资助大洋1.5万元,分3年拨付。③中基会的资助使该所购置了很多研究设备,聘请到了大批专家学者。至1933年7月,由于中基会自身收入锐减,对中山大学教育研究所的资助遂告停止。

此后,对该校的研究所,中基会仅对农科研究所的农林植物学部给予资助,如1934年7月至1935年6月,农林植物研究所共接受中基会资助1.5万元。时为中山大学文学院院长的吴康曾言:今本院各研究所中,唯农科研究所之农林

---

① 胡宗刚:《华南植物研究所早期史》,上海交通大学出版社,2013,第81页。
② 胡宗刚:《华南植物研究所早期史》,上海交通大学出版社,2013,第82页。
③ 《国立中山大学教育学研究所概览》,国立中山大学印行,1933,第4页。

植物学部,仍藉中华文化基金董事会之资助;教育研究所,则昔年文化基金补助,现已中辍,其他所部,亦无校外津贴。①

第六节　资助科学研究机构

中国科学社作为近代中国科学教育的重要机构,得到了中基会的资助。该社1918年从美国迁回国后,由于经费有限只能勉强维持,其所创办的《科学》杂志也只好停刊。1927年,中基会通过决议,每年资助其经费1.5万元,还资助中国科学社生物研究所经费1.2万元,1930年起又增加到4万,为中国科学社的发展创造了良好的条件。

到1933年,中基会资助的科学研究机关有实业部地质调查所、科学社生物所、中央研究院理化工程研究所、中央研究院历史语言研究所、青岛观象台、西北科学考察团、湖南地质调查所、黄海化学工业研究社、广东植物所、中央研究院气象所、中国西部科学院等机构。其中实业部地质调查所一直得到中基会的重点资助:1925—1928年每年3.5万元,1929—1931年每年5万元,1936—1939年每年9.6万元。这些资助主要用于野外矿产资源调查、建立实验室及图书馆、出版地质刊物等。此外,中基会还资助了北京周口店中国猿人遗址的发掘、西北石油资源考察,以及土壤研究室、鹫峰地震研究室、沁园燃料研究室的建立。②

1928年中央研究院成立后,由于经费有限,各项工作开展受阻。蔡元培为中央研究院申请到了50万元开办经费,在上海筹建了物理、化学、工程三个研究所及一个工学实验场。此后中基会又资助中央研究院历史语言研究所研究员李济主持河南安阳殷墟的考古发掘,此次发掘被认为是中国现代考古学的发端。

中基会对科研机构的资助取得了显著的成绩。1936年,中国科学社与数学会、动物学会、物理学会、化学会、植物学会等团体举办了中国科学界联合会议,会上提交了250篇论文,其中60%是中基会赞助的各类机构的科研成果。

---

①吴康:《国立中山大学研究院扩充计划书》,《语言文学专刊》1937年第3—4期。
②程新国:《庚款留学百年》,东方出版中心,2005,第59页。

受到中基会经费资助的科学文化团体很多,中国营造学社是其中之一。1929年,中国营造学社由朱启钤在北平创办,旨在开展中国古建筑的研究。该社自1929年创办,到1946年结束。社长朱启钤曾任北洋政府内务总长兼代理国务总理。他在1929年6月向中基会董事会请求资助,董事会应允每年拨款1.5万元,连续3年,共4.5万元。

中国营造学社成立后,立即着手搜集中外营造图谱、实物资料、模型、摄影资料、金石拓本和古籍版本,对古建筑进行实地调查,访求名作名工、工部老人、样房和算房专家,整理资料,总结经验,并发表在学社创办的《中国营造学社汇刊》上。

第七节 资助中学科学教育和义务教育

清末实行新学制改革以来,建立了一些新式学校,但是数量少,在学业程度、课程设置等方面基本处于各自为政的状况。民国以来,国内教育开始学习日本学制,各级学校虽然设置了近代科学课程,但是在科学教师质量、理科设备、科学教材等方面的水准是相当低的。尽管中基会从成立之初就确立了明确的资助方针和原则,将教育的范围确定在提倡科学,把文化的范围限定在图书馆事业,分配原则即补助已有成效的学校与机关,但从这一时期开始,由于受到来自政府的压力,中基会也对既定原则有所调整,开始直接资助中学科学教育和义务教育。

一、资助中学科学教育的政策

1928年,中基会第四次年会通过了代理干事长周诒春提议的资助原则补充条款,提出了"补助学校以中等程度以上为限"[①]。1929年10月9日,第二十一次执委会通过了《中学科学教员特别补习班办法大纲》。1931年6月22日,第三十八次执委会会议上,蔡元培提议修改第四次年会所通过之补充分款原则——是

---

① 杨翠华:《中基会对科学的赞助》,台湾"中研院"近代史研究所,1991,第133页。

否应规定"补助以中等以上学校为限"①。在同年6月26日的第七次年会上,蔡元培所提斟酌变通"本会补助学校,以中等以上程度为限"一案,仍维持原来方案。②

1931年1月9日第五次常会通过关于蒋梦麟以教育部部长资格所提由中基会拨款调查全国中学的提案,议决推举孟禄、蒋梦麟、任鸿隽三人组织委员会,拟订详细计划。

1931年6月26日第七次年会,拟聘请中外工程教育专家,调查中国工程学校实况。

1934年12月20日第三次庚款机构联席会议,决议由中基会补助教育部发展义务教育。

1935年4月19日第十一次年会,授权执委会与教育部及各庚款机构筹议具体方案。

1935年1月第九十四次执委会,通过与中央研究院物理所制定高中物理实验仪器办法,亦应教育部之请拨款5万元以制造中学物理仪器。

1937年4月第十三次年会,应教育部的请求,拨款5万元用以制造中学理科仪器。

二、举办科学教员暑期研究会

1927年,为了提高中学理科教员的师资力量,让中学科学教员及时了解、学习、吸收最新的科学知识,跟上时代的发展,更好地为普及科学教育服务,中基会开始举办科学教员暑期研究会。"尔来科学进步,日新月异,为教师者,必须继续钻研,方不至故步自封。顾我国大学尚无推广部之组织,教师补充知识之机会殊属无多;辍教续学,或因限于经济,有志未逮。故为现任教员计,莫若于暑假期内开办研究会,俾国中科学教员相聚一堂共同研讨,以收切磋琢磨之益。"③科学教员暑期研究会后改为中学科学教员补习班,定期举办。在中基会举办科

---

①杨翠华:《中基会对科学的赞助》,台湾"中研院"近代史研究所,1991,第235页。
②杨翠华:《中基会对科学的赞助》,台湾"中研院"近代史研究所,1991,第235页。
③《中华教育文化基金董事会第一次报告》,1926,第20页。

学教员暑期研究会之前,1924年,由清华大学、中华教育改进社、洛克菲勒基金会驻华医药董事会合办了第一届科学教员暑期研究会。中基会首次参与其事是1926年的第二届科学教员暑期研究会。会前,陶行知代表中华教育改进社致函清华大学商讨下次研究会事宜,预计所需经费在七千元左右。最终中基会资助经费1万元,完全解决了该届研究会的经费问题。[①]

参加研究会的中学理科教师(限定物理、化学、生物学三门)会在这里得到来自大学教授的业务指导,并相互讨论和研究教学方法,交流教学心得。每次科学教员暑期研究会有不同的主题和重点。

1929年在浙江大学举办的研究会,其宗旨是提倡理科教员合作精神与兴趣,沟通中学与大学之理科教育,增进中学教师之理科学识与技能,讨论中学理科之教学法及教科书,讨论中学理科教育实际上各种难点,以便直接间接设法解决。[②]参加这次暑期研究会的大学教授有18人,中学教员有130人,并邀请中基会之科学教席教授及另聘专家20多人担任指导工作。

1930年,中学科学教员补习班分别在成都大学与东北大学举办,成都大学所办为数理组,兼授教育心理学,毕业者7人,另有旁听生6人。东北大学所办为物理化学组,各项功课多由中基会科学教授兼任,毕业者22人。[③]

三、支持义务教育

在民国初年的教育改革中,普及教育只有制度上的筹划,而无实际的实施。1920年,北洋政府订定《八年推行义务教育办法》,计划在1921—1928年这八年时间中,普及四年制义务教育。1928年,国民政府召开了第一次全国教育会议,会议通过了《厉行义务教育案》,并进行了具体规划。1930年召开的第二次全国教育会议的中心议题还是普及教育。为了在二十年内完成普及四年制义务教育的目标,制定了一整套计划和方案。为了配合国民政府发展义务教育的工作

[①] 徐蕾、黄翠红:《独立基金资助科教事业的历史模式探讨——以"中基会"对中学科学教育事业的支持为视角》,《兰州学刊》2016年第9期。

[②]《国立浙江大学、中华教育文化基金董事会合办科学教员暑期研究会简章》,《河南教育》1929年第19期。

[③] 本会事业之概况,见1931年《中华教育文化基金董事会第六次报告》。

任务,中基会也开始支持义务教育工作。

1935年10月26日,中基会第九次常会召开,根据执委会的建议,决定拨款国币30万元以补助政府实施义务教育,自1935年度起分两年均摊支付。1937年4月30日,中基会第十三次年会召开,教育部商请继续补助义务教育经费并增加补助数额,中基会议决续拨款国币10万元[①]。1938年4月27日,中基会第十四次年会决议核拨国币6万元补助教育部本年度义务教育经费之用,"惟该款之应用,须着重于数学及自然历史两科目"。[②]

第八节 资助教育机构和团体

受到中基会资助的教育机构包括中华教育改进社、中华职业教育社、中华平民教育促进会、中山大学教育研究所等。中基会先后帮助中华职业教育社在沪郊及江苏昆山、镇江、吴县(今苏州市吴中区和相城区)等地的乡村建立农村改进试验区,帮助陶行知创办乡村师范学校和山海工学团,帮助晏阳初在河北定县(今定州市)创办乡村教育试验区,帮助梁漱溟在河南和山东创办村治学院及乡村建设实验区,为中国乡村普及教育的发展提供了大力支持。

表5-13 中基会历年支出各种团体补助费表

年度	学校/所	学术团体/个	教育文化团体/个	其他/个	数额
1926	13	2	5	2	国币419 905.95元
1927	6	3	7	0	国币277 547.06元
1928	13	4	7	1	国币467 350.00元
1929	7	6	7	1	国币922 200.00元
1930	12	12	6	1	国币568 214.20元 美金16 500.00元
1931	20	13	9	3	国币1 068 650.00元 美金9 500.00元

---

①杨翠华:《中基会对科学的赞助》,台湾"中研院"近代史研究所,1991,第242页。
②杨翠华:《中基会对科学的赞助》,台湾"中研院"近代史研究所,1991,第242页。

续表

年度	学校/所	学术团体/个	教育文化团体/个	其他/个	数额
1932	9	11	6	0	国币782 800.00元 美金6 000.00元
1933	9	5	5	3	国币685 500.00元 美金6 000.00元
1934	10	5	3	8	国币552 860.00元 美金6 500.00元
总计	99	61	55	19	国币5 745 027.21元 美金44 500.00元

表5-14 按类别划分的资助情况

类别	数额
普通科学设备	国币1 203 000元
物理及化学	国币445 000元
生物学	国币366 838元 美金6 500元
地质学	国币525 000元
气象学	国币29 000元 美金8 000元
工程学	国币427 500元
医学	国币375 000元
农学	国币446 250元 美金3 500元
文化事业	国币684 750元
教育事业	国币660 750元
其他	国币402 525元

注：此表内所举的类别与数额，有的是明确清楚的，有的是没有明确界限的，如对农学、医学等的补助，可以拿受补助的机关作分别，至于物理、化学、生物学等，则往往在同一学校之中，不能划分得十分清楚。上表不过指示一个大概。

表5-15　中基会业务概况(合办事业)

单位:元

年度	北平图书馆	静生生物调查所	与北大合作特款	小计
1925	72 600			72 600
1926	313 993			313 993
1927	290 000			290 000
1928	300 000	24 000		324 000
1929	589 390	32 700		622 090
1930	665 544	40 526		706 070
1931	465 900	54 200	200 000	720 100
1932	378 000	54 200	200 000	632 200
1933	366 900	69 000	200 000	635 900
1934	301 781	82 000	100 000	483 781
1935	279 177	87 000	100 000	466 177
1936	286 584	91 000	100 000	477 584
合计	4 309 869	536 626	900 000	5 744 495

表5-16　中基会对教育及文化机构具体补助情况表[1]

	大学及专科学校	学术研究机构	文化及教育团体
主要受款机构	中山大学、中央大学、武汉大学、北洋大学、交通大学、南开大学、复旦大学、同济大学、金陵大学、厦门大学、岭南大学、沪江大学、东吴大学、四川大学、广西大学、燕京大学、大夏大学、光华大学、华中大学、齐鲁大学、华西协和大学、国立上海医学院、文华图书馆专科学校、河北省立工校、唐山工程学院、国立音乐专科学校、国立第一助产学校等	中央研究院理化工程研究所、气象研究所、历史语言研究所、社会科学研究所、实业部地质调查所、湖南省建设厅地质调查所、中国科学社生物研究所、黄海化学工业研究社、江苏省昆虫局、中国和众蚕桑改良会镇江蚕种制造厂等	中国地质学会、中国营造学社、中华职业教育社、中华教育改进社、中华平民教育促进会、中华民国拒毒会、国语统一筹备会、工业实习社、故宫博物院、青岛市气象台等

---

[1] 中基会对大中专院校补助数量为:1926年13所,1927年6所,1928年11所,1929年7所,1930年14所,1931年22所,1932年12所,1933年11所,1934年9所,1935年11所,1936年12所,1937年24所,1938年15所,1939年15所,1940年11所,1941年15所,1942年10所,1943年10所,1944年4所。1926年至1944年共计232所。

第六章 中华教育文化基金会之危机及恢复工作(1937年以后)

1937年"七七事变"后,为了应对战时需要,中基会设立了战时特别委员会。1943年1月,中美两国签订新约,美国放弃庚子赔款权利,赔款从此正式终止。中国和美国董事在中基会是否继续存在的问题上达成共识,为保全中基会的事业和合法权益,中基会将主要依靠自身积存的基金和受托代管的基金收入,继续维持主要的研究事业。

第一节　"七七事变"后中基会机构及董事会情况

　　1937年抗日战争全面爆发后,中基会于1938年4月27日在香港召开了第十四次年会,研讨了在日本全面侵华这一新形势下的应对计划和有关办法。

一、采取措施应对战争时期的新情况

　　"七七事变"后,中基会的办公地点由北平迁至上海。因战事原因,为了方便对外联络,1938年6月第一百二十六次执委会决定在香港成立联络站。
　　随着战争时局的变化,中基会开始调查西南地区教育研究机关的情况。之后在1939年4月23日召开的中基会第一百三十二次执委会上,授权干事长在重庆设立办事处。
　　在1939年4月召开的中基会第十五次年会上,选举孙洪芬继任已故董事徐

新六之职。1940年3月5日,蔡元培病逝。在同年4月15日举行的中基会第十六次年会上,选举颜惠庆、蒋梦麟继任蔡元培、李煜瀛的董事职务。

1944年1月16日中基会非常时期委员会第五次会议召开,会议决定接受孟禄的辞职申请,选举布拉第(Donald M. Brodie)继任董事。

由于颜惠庆、司徒雷登、金绍基、孙洪芬等董事不能在敌占区行使董事职责,为了适应特殊时期的工作需要,1945年6月,特设驻美委员会召开中基会第十二次会议及特别选举会议。根据会务细则,由国内未出席各董事委托在美出席董事代表投票,选举蒋廷黻①、杨亚德(Arthur N.Young)、范锐、傅斯年为董事。在同年12月中基会第十八次年会上,选举贝祖诒接任病故的董事范锐之职。

二、设立"非常时期"紧急委员会

1941年4月18日,中基会第十七次年会召开,会议主要核定万一太平洋战争爆发应采取的紧急措施,包括设立紧急委员会以及商议在美事务的处理等事项。会议决定在战争爆发时,设立紧急委员会,以应对特殊局面。其中制定了战时的工作重点。其一,在沿海与内地之航空交通中断或停止时,或美国邮船停止航行远东口岸时,即视为紧急局势业已存在。其二,在紧急时期,全体在华董事应即刻组成紧急委员会。董事会五人应视为已满开会议事之法定人数(五人中应包括董事长或副董事长,名誉秘书、干事长及名誉会计一人在内),其他董事得以书信或电信商酌。其三,中美交通断绝时,财务委员会之在美事务应由在美董事协同纽约财政顾问委员会处理之,并指定贝诺德董事为召集人。其四,如下届董事年会因紧急状态不能举行,则所有现任董事与董事会职员均应服务至董事大会开会时为止。其五,授权贝克及干事长,于紧急状态存在时,代董事会会计签署支票与每月借款收据。②

1941年12月,日军偷袭珍珠港,太平洋战争爆发,此后,中基会进入"非常

---

①蒋廷黻(1895—1965年),湖南宝庆(今邵阳)人,中国历史学家、民国时期外交家,1912年赴美留学,获哥伦比亚大学历史学博士学位。1923年回国后历任南开大学教授,清华大学教授、文学院院长、历史系主任。1935年任国民政府行政院政务处处长,1945年被任命为中国常驻联合国代表,1961年任台湾驻美国"大使"兼驻联合国"代表"。

②杨翠华:《中基会对科学的赞助》,台湾"中研院"近代史研究所,1991,第42页。

时期"。1942年1月18日,中基会在重庆召开第一次紧急委员会(后改称为"非常时期委员会")会议,选举翁文灏为主席,周诒春为秘书,任鸿隽、杨格(N.Y. Young)为会计,任鸿隽为重庆办事处干事长,处理中基会的国内事务,孙科、蒋梦麟为执行委员。

同年1月13日,中基会在纽约成立"特设驻美委员会",由胡适、施肇基、孟禄、顾临、贝诺德组成,孟禄为主席,胡适为秘书,施肇基、贝诺德为会计,顾临为协理干事长,管理中基会在美一切事务。在1942—1945年期间,中基会非常时期委员会总计召开了5次会议,特设驻美委员会召开了12次会议,两个机构分别独立工作,但需要相互协调。

日本战败后,1945年12月1日中基会第十八次年会召开,会议决定撤销非常时期委员会及特设驻美委员会,董事会恢复正常组织活动。

第二节 战时中基会资助工作

1939年以后,国民政府停止支付庚子赔款,但中基会凭借本身积存的基金,以及接受委托保管的各项基金,仍能继续维持基金会的工作。"一以维持最低限度之需要为原则,除自办及合办事业有必须维持之义务者,予以维持外,其请求补助之机关,则视现时之需要酌量给予补助。"[1]1939年4月22日,中基会第十五次年会通过了教育事业及计划特种委员会初步报告。准拨国币1万元及美金2万元为办理该年度科学研究补助金之用,唯其核给"应着重学习应用科学之申请人"[2]。

一、成立中美文化资料供应委员会

1937年抗日战争全面爆发后,日军大举入侵,国土相继沦陷,平津等各地学校、学术机构大多毁于炮火,损失惨重。国民政府为保存文化教育实力,采取一

---

[1] 杨翠华:《中基会对科学的赞助》,台湾"中研院"近代史研究所,1991,第108页。
[2] 杨翠华:《中基会对科学的赞助》,台湾"中研院"近代史研究所,1991,第243页。

系列紧急措施应对危局,将一批重点高等院校西迁内地。到1938年底,共有55所高等学校迁移或调整。

1942年,为适应战时的特殊环境,抵抗日寇对我国文化的封锁,中基会得到教育部、中央研究院和一些内迁大学的赞同,与教育部、美国驻华大使馆合作,任鸿隽等人代表中基会创议成立中美文化资料供应委员会,用胶片图书方法(将图书内容拍摄、缩小制成的胶片。这种图书可用于收藏、展示或学术研究等方面),将国外新出版之图书、杂志、影片输入我国,推广国外新出版物,供有关方面研究参考,使得人们在艰苦的战时状态中仍能继续进行对外交流。1943年,在昆明、重庆、成都等地组织筹建影片图书阅读站多处,引进新发行的科学及工程方面的影片、图书千余种,对战时的科学研究给予了有力的支持。①

二、设法转运、保存北平图书馆藏书

抗日战争全面爆发以后,胡适担任了驻美大使,又在百忙之中兼任了中基会特设驻美委员会主席,处理中基会的在美事务。身在国外的他还频繁地与当时担任国民党行政院院长的翁文灏互通电函,商量故宫及北平图书馆人员组织等事宜;并多次与王重民、袁同礼等通信,在征得政府同意之后,由其个人供给资费,设法将北平图书馆收藏的善本书籍装箱运往美国,寄存在美国国会图书馆,使之免遭日本军国主义的浩劫。此外,胡适还努力调和中基会和下属之间的矛盾,"在争执中充当了一个和事佬",使之维持了良好关系。②

特设驻美委员会除了照料中基会在美权益以外,其主要任务是保管债券、议定投资政策、制定预算等,并利用基金收入支持在美国留学人员之研究工作,以及为国内图书馆及学术机构订购图书和杂志,暂存美国,在恢复正常交通后再运返国内。

---

① 赵慧芝:《任鸿隽年谱》,《中国科技史料》1989年第3期。
② 桑逢康:《胡适在北大》,文化艺术出版社,2007,第278页。

三、资助留学

1941年12月,太平洋战争爆发后,中国战场局势逐渐好转。1943年11月8日,考虑到战后的重建工作对科学技术人才的急需,教育部制定了《国外留学自费派遣办法》。1944年12月,为了进一步加强战时留学教育,教育部颁布了《国外留学办法》。在战前,清华大学每年设置庚款留美若干名,在全国公开招考。全面抗战爆发后一度停止。1940年,清华庚款恢复留学资助。总计全面抗战期间以庚款派往美英两国留学生为150人。[①]

四、为大学和研究机构提供资助

在这一非常时期,中基会仍然坚持每年向20余所大学和研究机构提供一定的资助。1944年,中基会与美国联合援华会合作,成立了"特别研究补助金委员会",为大学和研究机构中的重要人员提供资助。1944年,美国联合援华会拨款100万元,委托中基会向昆明之各大学和研究机关提供资助,该项援助一直持续到1946年。[②]抗战期间,货币贬值,物价飞涨,中基会向西迁的大学和研究机构提供了宝贵的支持。

第三节 《中美新约》与中基会的裁撤危机

珍珠港事件发生后,美国政府陷入欧亚两线作战的不利局面。为了让中国能够顶住日本的进攻,美国及其盟国与中国签订了条约,从法律上废除了其在中国的一切特权。由于明确废止了《辛丑条约》,与庚子赔款有关的诸多事务需要重新审定,因此《中美新约》对中基会应如何运作带来了一系列的影响。

[①] 余子侠:《民族危机下的教育应对》,华中师范大学出版社,2001,第239页。
[②] 杨翠华:《中基会对科学的赞助》,台湾"中研院"近代史研究所,1991,第110页。

一、《中美新约》的签订及其对中基会的影响

1921年中国共产党成立后积极推动中国人民的反帝反封建运动，1924年国共合作后，特别是"五卅惨案"后，废除不平等条约运动日趋高涨。南京国民政府建立之初，迫于财政困难和政治斗争的需要，积极与各国交涉收回关税主权。美国为了抵制日本势力在中国的扩张，防止苏联在中国扩大影响，只好放弃协定关税权来支持蒋介石政权。1928年7月25日，中美两国签订了《整理中美两国关税关系之条约》。该条约用法律的形式明确承认了中国的关税自主权，但此后的关税交涉上仍具有妥协性和不彻底性，海关行政权、关税税款及关余保管权等方面均未改变（从1859年开始，中国海关行政权一直由外国掌控，并成为列强扩展其侵华特权的大本营，与关税有关的条约权利，如关税保管权、关余保管权、关款支配权都源于海关行政权）。因此，该条约依然具有不平等条约的性质。

第二次世界大战爆发后，中国国内要求废除中国与美国等国之间的不平等条约的呼声早已响起，南京政府的废约活动又有所深入。1941年罗斯福和丘吉尔共同签署《大西洋宪章》以及1942年中、美、苏、英等26国发表联合宣言，从法理上支持中国的废约要求。1941年5月底，美国国务卿赫尔与中国外交部长郭泰祺宣布于战争结束后废除美国在华不平等特权。[①]

1941年12月7日，日本偷袭了美国在夏威夷的海军基地珍珠港，太平洋战争爆发，这加速了中美解决废除美国在华不平等特权这一问题的进程。珍珠港事件后，中、美、英已是同盟国关系，但在外交上仍存在原有的畸形状态，舆论界反应强烈。尤其是宋美龄于1942年4月19日在《纽约时报》发表《如是观》一文，谴责列强在华特权，并敦促有关国家尽早予以放弃，引起美国舆论界的共鸣。美国政府在中国人民的强烈要求与美国国内舆论的压力下，决定放弃在华特权。1942年8月27日，美国国务卿赫尔提出"废约方案"，10月初，美国总统罗斯福正式批准了该方案。

1942年10月9日，美国副国务卿约见中国驻美大使魏道明，宣读美国取消

[①] 张龙林：《〈中美新约〉与中基会存废之争》，《中山大学学报》（社会科学版）2010年第3期。

在华领事裁判权及有关特权,并于10月10日公布。随后两国代表进行谈判,1943年1月11日,由魏道明和美国国务卿赫尔分别代表两国政府在华盛顿正式签署《中美新约》。与此同时,中英两国在重庆签订了《中英新约》,英国放弃任用英籍臣民为中国海关总税务司的一切权利,这是对外籍税务司制度的否定。《中美新约》的签订标志着美国在华不平等条约的终结,其中明文规定废除1901年《辛丑条约》给予美国的一切特权,包括庚子赔款的未付款总额约8 460 000美元,但《中美新约》并没有对庚款的余留问题做出明确规定,亦没有涉及中基会应否继续存在的问题。①

《中美新约》签订之前,庚款已经于1939年停付,中基会的文教事业尚能凭借基金收益、外币投资和政府借款而继续进行。但《中美新约》第2条明确规定废除1901年的《辛丑条约》,由此产生了庚子赔款的余留问题,主要包括接收与保管退还庚款的中基会应否继续存在,以及中国支付以庚款为担保的各类借款应否继续偿付。《中美新约》签订后,部分政府官员主张裁撤所有庚款机关。这些问题关系中基会的存废问题。中基会存废之争涉及三种有关势力,即翁文灏、胡适等中基会成员及中美两国政府。

二、中基会的立场与应对措施

中基会出于自身利益的考虑,以促进中美合作为主张,以中基会具有合法依据为由,始终坚决反对撤废,采取了多种积极应对的措施极力保留中基会。任鸿隽在致顾临的信中,提及中基会当时可能出现的几种情况:其一,政府同情中基会以往的成绩而继续予以支持;其二,中基会将只能依靠自己的资源维持,也就是说当资源耗尽时,中基会就自行瓦解;其三,中基会立即废除。"站在中基会的立场当然最不愿意见第三种可能,而最乐于见到第一种可能之发生,但是董事们也都明白这种结果希望渺茫。至于第二种可能,则中基会董事们得对此组织的存废承当相当大的责任。无论是哪一种结果,都是他们所必须面对的。"

---

① 乔占泽:《中华教育文化基金董事会与中国近代高等教育》,硕士学位论文,苏州大学,2015,第13页。

1943年1月在重庆召开的中基会非常时期委员会第三次会议，广泛地讨论了社会各界对中基会的意见、法律地位以及中基会面临的各方面问题。该次会议讨论了中基会未来的地位与命运，申明中基会存在的价值及其对中美两国外交关系的意义，继续向政府交涉。

中基会为了自身机构的保存，从不同途径积极应对面临的危机。首先，明确向国民政府阐明中基会存在的合法性和合理性。中基会特设驻美委员会的胡适与施肇基在给翁文灏、任鸿隽的复电中特别强调，当初磋商退还庚款时，中美两国原意"乃视中基会为永久性质"，"故定名为基金会而非管理委员会"，经与在美董事商量，"此间国人亦因主张中基会仍宜继续存在，对基本组织章程不宜改变。而当年中美政府协定之退还条件尤宜信守，以保其法律持续性，并为中美教育文化保留一个历史的联系"。①为了使政府了解中基会继续存在的价值及其对中美两国外交关系的意义，董事们委托干事长任鸿隽将中基会的成立经过、组织及职权、事业概况、战时现状以及今后的工作计划写成长篇报告，呈送外交部、财政部。该报告的结论部分明确地显示出中基会当时的立场："本会应即发起，在中美两方募集相当数量之基金，借以完成十八年前友邦当局发起退还此款之好意。此种事业之完成，不特我国将来建设事业受其益，且可为中美两国之交之永久纪念。"②

其次，中基会主要成员积极游说国民政府有关要员，争取他们对中基会的支持。翁文灏在国内游说孔祥熙、宋子文时强调，自《中美新约》签订以后，中国政府应即停付庚款，但对以前的欠偿款项，中国政府似仍有道德之义务，继续拨付，而中基会所管理之资金亦不仅限于该基金会，应当有权收受中美或其他基金继续运作。由于没有获得国民政府的积极回应，翁文灏决定直接上书蒋介石，力陈中基会存在的必要性及其对于中美两国关系的意义。翁文灏提到各庚款机构是否可由政府单方面命令撤销，实为当前之重要问题，必须慎重考虑，方免外人意外误会，并强调《中美新约》虽然废止了《辛丑条约》，但接受庚款的协定并非不平等条约。中基会章程既未明定其为专赖庚款，且于中国权益特为尊

---

① 杨翠华：《中基会对科学的赞助》，台湾"中研院"近代史研究所，1991，第45页。
② 杨翠华：《中基会对科学的赞助》，台湾"中研院"近代史研究所，1991，第44页。

重,似应准约保留,以免更张。[1]结果该签呈却罕见地遭到蒋介石侍从室退回,从中可见有关方面对庚款机构及中基会问题的紧张性。

尽管中基会机构本身具有独立运行的基金管理机构,但与国家政府相比,其影响力还是比较微弱的。中基会存在的争议实际不仅仅是国内问题,也有国际背景原因,即中基会自身的存在与否在很大程度上受到中美两国势力的影响。中基会董事们只能出于自身利益考虑,无视《中美新约》后中基会存在的法律依据的变化,企图借助美国政府来向国民政府施压。

三、美国政府的立场

鉴于庚款机构及中基会与中美两国的关系,中基会从两个途径着手以求影响事态的走向。首先,中基会力争寻求美国的支持。这主要是由于中基会与美国的深刻渊源及该组织的亲美倾向,美国与中基会有更多的共同利益。因此,中基会非常希望借助美国政府的外交渠道,迫使国民政府做出有利于中基会的决定。在《中美新约》签订之前,中基会非常时期委员会主席翁文灏致电特设驻美委员会主席胡适,希望他同美方商议《中美新约》签订后中基会的地位问题,胡适随即与亨培克进行了初步讨论。其后,特设驻美委员会委托中国驻美使馆参赞刘锴,征询美国国务院对有关中基会存留问题的意见:《中美新约》生效后,中国政府是否有义务继续向中基会支付剩余庚款?其总数约500万美元,该支付行为已因战事而暂时中止;若继续支付,中国支付是否按照战前程序,由美方转交中基会?美方根据1925年7月16日柯立芝总统令,非正式地认为,虽然《中美新约》将取消美国与庚款相关的所有权利,并将终止美国移交庚款的中介地位,但不应影响中国政府同中基会的关系,不应影响总统令所体现的中国对中基会的任何义务。[2]

在中基会面临裁撤之际,美国驻华大使高思(Gauss)亦对中基会问题表示关切,希望中国政府能支持中基会的继续存在。9月20日,高思根据1924年12

---

[1]杨翠华:《中基会对科学的赞助》,台湾"中研院"近代史研究所,1991,第45—47页。
[2]张龙林:《美国在华治外法权的终结——1943年〈中美新约〉研究》,中山大学出版社,2012,第214页。

月15日国务卿休斯给柯立芝总统的意见，认为中国政府无论何时均无权影响和干预庚款基金，中方毫无法律依据处理中基会的委托。他在1943年10月18日致外交部的备忘录中表明了立场：当中基会成立时，美国政府了解该董事会为一独立而永久自存之组织，不受有关两国政府之干涉。自该时起，美国政府对该董事会之合法执掌及其独立处理所被委托之基金，向来注意避免以任何方式干涉或左右之。吾人相信中国政府方面亦会同样予该董事会以必要之自由，使其得独立处理所被委托之基金，并依其组织法所规定之目标而行使职权。①

美国政府之所以支持保留中基会，显然还是基于当时总统令的初衷，即中基会的存在符合美国在华的长远利益。但是在《中美新约》颁布后，由于受到了中国日益高涨的要求收回"文化主权"的民族主义浪潮的影响，尽管美国政府希望保留中基会的立场没有变化，但美方对中基会的态度、立场还是比较谨慎，即认为《中美新约》生效后，中方与中基会属于中国内部事务，应按照《中美新约》而不是之前的柯立芝总统令来对待中基会问题。美方的意见是不应主动对此发表看法，只是在有中国官员、中基会代表询问时，才可按照《中美新约》的原则非正式地说明。②

从对待中基会存废问题的前后声明及立场来看，美国政府从自身利益出发，将1925年美国国内法性质的柯立芝总统令凌驾于《中美新约》之上，是不符合国际法原则的。《中美新约》签订后中国国内出现了收回法权的普遍呼声，国民政府并没有完全接受美国政府建议的对中基会保持中立的不干预的立场。

四、国民政府内部的争议

对国民政府而言，《中美新约》签订前后，关于中基会机构的设立及前途也存在不同声音。从表面上说来，大略可分两派：一派欲趁此时机，将带有国耻色彩的一切事物铲除之为快；一派出于中美教育文化交流的积极意义，则愿保留

---

① 杨翠华：《中基会对科学的赞助》，台湾"中研院"近代史研究所，1991，第45—46页。
② 张龙林：《美国在华治外法权的终结——1943年〈中美新约〉研究》，中山大学出版社，2012，第215页。

第六章 中华教育文化基金会之危机及恢复工作(1937年以后)

与英美文化合作的组织,以为将来进一步合作的基础。至于骨子里面,自不免有欲借此时机以消除异己、扩充势力的。此间中基会董事的主张,不消说属于第二派,而政府中人则有属于第一派者。

外交部、财政部宋子文和孙科明确支持中基会继续存在,宋子文还表示力争说服蒋介石。国民政府对庚款机构的争论出现了针锋相对的观点。在行政院1943年度第二十三次会议上,出现了对中基会保留问题的两种截然相反的声音,涉及的政府部门主要是外交部、财政部和教育部。双方争议的问题集中在中基会是否应该存在,以及该组织应否接受国民政府的干预。三部联合建议书认为,庚款支付应以《中美新约》生效为截止时间,中基会应在事实上继续存在,基金来源可用捐赠形式解决,蒋介石、宋子文及孔祥熙均表示赞同。

财政部次长俞鸿钧主张继续保留,他认为庚款因《辛丑条约》而起,而该条约的客观环境早已发生变更,所以庚款毫无继续存在的理由,我国所承担的赔款义务自应连带取消,但庚款举办的事业如中基会,政府应另以他法进行维护,不因庚款取消而受影响。当然,这"应以内政眼光自动处理,绝非条约上或国际协定上之束缚"。至于与此相关的债权债务关系,应"一本吾国民族信义之方针,继续整理,逐渐清偿,自当不使其因不平等条约之取消而稍受影响也"[①]。而财政部官员尹任先倾向于废止中基会,理由是战后美国对中国自办教育文化事业必会充满信心。

以教育部为代表的"CC系"坚决反对继续保留中基会,认为中基会的继续存在与《中美新约》后中国完全平等的新地位不相符合,如果中基会继续存在,则应依照政府的权限划分,赋予教育部董事会成员的地位,或由教育部任命一名董事。教育部长陈立夫主张废止中基会,并主张将其职能移交教育部管辖:原经办事业改由教育部接办,或另设机关办理,直隶教育部。[②]

面对来自教育部的坚持裁撤庚款机构的决定,中基会尽管采取了一系列措施和努力,但终究效果微弱。1944年8月,国防最高委员会通过决议,决定将所

[①] 财政科学研究所、中国第二历史档案馆编《民国外债档案史料(第二卷)》,档案出版社,1991,第392页。

[②] 张龙林:《美国在华治外法权的终结——1943年〈中美新约〉研究》,中山大学出版社,2012,第213页。

有庚款机关一律裁撤。同年9月15日,行政院秘书处根据此项决议,通知各庚款机关于该年年底全部撤销,中基会的业务由教育部接办。

当中基会面临关闭之际,由于国民政府人事的调整,其命运发生了转变。1944年11月,陈立夫离开教育部,新任教育部长朱家骅对中基会的态度与陈立夫不同,他愿意维持并改善中基会的现状。此时,支持中基会的宋子文担任行政院院长。1944年12月,吴国桢通知新任驻华大使赫尔利,行政院已建议国防最高委员会悬搁庚款余留问题,该组织将继续存在并运转。[1]行政院秘书处函告各庚款机关暂时维持现状。至此中基会渡过了裁撤的危机。

五、裁撤危机后中基会机构的调整

尽管中基会渡过了危机,但由于《中美新约》签订后,为适应国内外形势变化的需要,国民政府执行干预庚款机构政策,中基会的独立自治性质也开始发生变化。国民政府从国家文化教育主权的角度和中基会自身生存的需要出发,对中基会的政策及人员组成等事务做出一些调整。当时中基会面临的最主要问题是中基会与政府的关系问题、中基会的资金运作问题等。为了减轻某些政党要员对庚款机构的敌意,傅斯年提出了三点建议:选举新董事以递补身处沦陷区而无法行使职权的董事;应推举教育部部长、中央研究院院长、清华大学校长为董事会当然董事;招募来自公、私各界的捐赠,增加基金以尽量减轻与庚款的关系。[2]教育部部长朱家骅经与各方商谈,最后做出了三项决定:第一,组织规章中涉及"庚款"字样者,一律修改,以免国耻色彩;第二,酌情增加董事名额,修正章程并将教育部部长、中央研究院院长、清华大学校长列为当然董事;第三,《中美新约》签订前应付款项政府照数补发,此外可接受外界捐助。[3]尽管中基会一些董事对此决定持有异议,但在反复沟通之后,中基会于1945年6月2

---

[1] 张龙林:《美国在华治外法权的终结——1943年〈中美新约〉研究》,中山大学出版社,2012,第219页。

[2] 杨翠华:《中基会对科学的赞助》,台湾"中研院"近代史研究所,1991,第48页。

[3] 张龙林:《美国在华治外法权的终结——1943年〈中美新约〉研究》,中山大学出版社,2012,第218页。

日在美国举行的特别选举会议,选举出了新的董事,接替陷于敌占区不能行使职权的颜惠庆等人,并改选董事会职员(董事长为蒋梦麟,副董事长为翁文灏、顾临,秘书为周诒春,会计为贝诺德、施肇基)。

第四节　战后中基会工作的恢复

1945年8月15日日本宣布无条件投降后,中基会撤销了非常时期委员会及特设驻美委员会,董事会恢复正常组织。1946年7月,中基会会址迁返上海九江路原办公处。战后的恢复工作主要是清理存放在上海的基金情况,支持大学复校。

但由于抗战胜利后通货膨胀、国共内战爆发等原因,中基会资金收入大大减少,可使用经费仅仅是抗战前的十分之一,而且其中只能以60%作事业费用,这让中基会的事业面临很大的困难。中基会和各教育科学机构的运行受到了很大的影响,中基会的教育文化事业逐渐萎缩,资助工作受到限制,只能为少数的研究教授席和其他项目提供支持,因此要求教育部接管北平图书馆,经济部接管土壤调查工作,合并机构来节省支出,如合并了静生生物研究所和中国科学社生物研究所等。

由于经费困难,中基会不惜动用基金、耗尽资源来协助国内大学补充战后损失、发展基础科学,中基会对大学的支持改为贷款的形式。

1947年3月14日,中基会召开第十九次年会,议决将清华基金自1942年3月1日至1946年12月31日所生利息总额50万美元拨交清华大学,作为战后复员工作所需经费。1947年12月13日,中基会召开第二十次年会,议决通过干事长提议,将中基会之外币资产(不超过25万美元为限)借贷给少数大学(不超过四校为原则),以作为下年度购置科学仪器所需。"财政委员会乃与纽约农民信托公司商洽变卖资产、筹集款项的办法,同时干事处亦与董事会核定之大学商讨购买计划,并进行签定借款契约手续。"[1]1948年中基会第二十一次年会决

---

[1]杨翠华:《中基会对科学的赞助》,台湾"中研院"近代史研究所,1991,第113页。

定,由教育部担保,贷款期限15年,为北京大学提供10万美元、为中央大学提供5万美元、为浙江大学提供5万美元、为武汉大学提供5万美元的贷款。

第五节　中基会尾声

1949年,中基会将一切可移动的证券及现金资产转移到中国香港,后转向美国纽约,在美国继续其业务。1950年3月,蒋梦麟会同司徒雷登在华盛顿召集了中基会特别会议。会议补选梅贻琦、麦凯(James A.Mackay)为新任董事,接替任职期满的傅斯年、瑞德,同时任命胡适为代理干事长。

1972年9月,中基会会址由美国纽约迁往中国台北。

中华教育文化基金会历史贡献之回看

第七章

中基会在1924—1949年的二十余年间，主要可以分为三个时期：第一时期为初创阶段（1924—1927年），第二时期为发展和极盛阶段（1928—1937年），第三时期为战时及战后的危机与恢复阶段（1937—1949年）。从此前的回顾可知，中基会业务开展最具成效的时期无疑是第一阶段和第二阶段，即全面抗战前的十余年间（1924—1937年）。中基会历史上许多重要的工作，也开展于这一时期。此时期的一些重点业务包括协助国立北京大学解决该校因财务拮据而致教职员薪资困窘的问题、建立国立北平图书馆与购买藏书及主持全国性的土壤调查等事业。该会还于此时期共补助全国大专院校233次、研究机构139次及教育文化事业团体147次。该会另在全国广设科学教授讲席，并由该会资助学者于国内、国外进修，多位杰出教授均曾接受过该会的补助。这批教授可谓当时中国学术界的一时之选。

中国的科学和文化教育能在当时政局不稳、经济落后、资金短缺的困境中顽强地生存、发展并成效卓著，中基会二十余年的工作是一个重要因素，其功不可漠视。中基会利用稳定的基金来源，投资发展中国的科学教育事业，加快了中国科学教育现代化的进程，为发展科学、普及教育，特别是重点扶持高等教育和高级学术研究做出了很大贡献。中基会与民国时期其他科学和教育机构一起，通过资助和开展科学教育活动，为民国时期科学教育文化的发展提供了必要的保障。中基会是众多庚款管理机构中，唯一将资金全部用于中国教育文化事业的。

第一节　中基会对中国现代教育的推动

中国走向现代化,是与西方的科学技术和思想的传入分不开的。中基会对这种传入起到了特殊的作用和影响。受中基会支持的留美知识分子逐渐认识到,中国不但需要学习西方的技术,也要学习西方的政治和社会制度。由于所受教育的特殊背景,他们不仅将西方的科学技术带到中国,而且将西方的民主、人权、自由、法治等思想观念介绍到中国,庚款留美学者不但是推动中国科学、教育现代化的重要力量,同时也是推动中国政治走向民主的一支力量。[①]

一、促进了中外教育文化交流

美国于1908年第一次退还庚子赔款余额用以办理留学事业及日后的清华学校,标志着中美两国政府之间首次文教关系的建立。据不完全统计,除留美幼童外,至1900年前往美国留学人数共有59名,他们多为教会资助。进入20世纪后,在清末新政的鼓励下,中央及地方政府和机构陆续派出一些留美学生,仅1901年到1908年,赴美留学生就达281名。[②]而留美人数的大幅度增加,则是在美国1908年提出退还庚子赔款和清华学堂建立之后。国民政府成立后,蔡元培、胡适、蒋梦麟等均参与了中基会的管理,中基会开始加大资助高校教师出国研修的力度。1928年,中基会开始发放科学研究补助金,甲、乙两种补助金共补助15位研究人员,其中10位的研究地点在国外。[③]1930年,补助47位研究人员,其中有2位大学教师赴国外研修。[④]1928—1945年间,有367人接受资助,得以出国深造,208人去美国,64人去法国,56人去德国,39人去英国。[⑤]

1932年,中基会设置的第一批科学教授已满6年,2位教授申请中基会补助出国学术休假。1933年,12位科学教授获得出国学术休假补助。中基会对学

[①] 陶文钊、梁碧莹主编《美国与近现代中国》,中国社会科学出版社,1996,第376页。
[②] 陈学恂主编《中国近代教育史教学参考资料(下册)》,人民教育出版社,1987,第372—373页。
[③]《中华教育文化基金董事会第三次报告》,1929,第13—14页。
[④]《中华教育文化基金董事会第五次报告》,1930,第19—20页。
[⑤] 刘小云:《论中华教育文化基金会与中国科教现代化》,《洛阳师范学院学报》2002年第1期。

术休假制度评价甚高，认为各教授在学术休假期间"多能潜心专研，卓有成就……各教授休假期满，均已先后返国……渠等本其研究考察所得，以谋吾国科学教学之改进，其贡献宏多，盖可预卜矣"[1]。中基会通过学术休假制度资助科学教授出国，为中国大学树立了榜样。

可以说，中基会通过退还庚子赔款对中国科学教育的资助，是中外教育交流的一种特殊形式。尽管美国政府以及参与中基会活动的美方学者有着自己明确的目的和不同的背景，退还庚子赔款也有一定条件限制，但是中基会的活动确实促进了中国教育的发展，培养了科学人才，极大地促进了中外教育文化的交流。[2]

二、促进了中国教育的发展

中基会自创办以来在教育上的投入，使中国近代教育获得了相对独立的教育经费以及相对独立的教育经费支配权，对于缺乏教育经费而步履维艰的教育界来说无疑是提供了发展的动力。

20世纪初期的中国，经济落后，军阀混战，政府不可能给予科学教育多大关注和投资，教育经费常被拖欠，教职员工资也常被克扣。教授们为维持生活，不得不四处兼职以图增加收入，如此一来，自然难以保证教学质量和研究水平。中基会的资助改善了教学科研人员的工作条件和工作环境，以及其物质生活条件，解除了其后顾之忧，从而使其能专心致志于教学和研究工作。正如任鸿隽在《十年来中基会事业的回顾》的开篇中提到："我们中国是穷国，说到办教育文化事业，则更穷上加穷。我们试看直至民国二十三年以前，教育经费不曾占过国家岁出百分之十五以上，而且固定的经费还时时有拿不到手的危险，就可知道教育界穷困的程度了。自民国十四年美国第二次退还庚款的消息传出以后，全国的教育界都感到一个异样的兴奋。其原因就是因为在中国教育文化经费常闹饥荒的时代，这一年百余万的款子，就好像一支生力军，人人都希望它能发

---

[1]《中华教育文化基金董事会第八次报告》，1933，第6—7页。
[2] 田正平主编《中外教育交流史》，广东教育出版社，2004，第675页。

生一点奇迹。"①

中基会的工作方向与重点,对于我国近现代(全面抗战前)科学事业的发展具有重大影响。中基会不仅是中国近代科学事业的赞助者,而且是科学的推动者,其所推动的事业重点,大多反映了当时科学界的主流,也部分反映了当时国际学术的发展态势。

其一,中基会促进了中国大学学科的建设和发展。由于大学自身的性质和特点,中基会主要的支持对象是大学科学教学和科学研究,为当时国内大学提供了必要的经费支持,也为大学教学和研究人员的工作提供了比较优越的条件保障。

其二,中基会促进了中国基础教育科学教育的发展。中基会提供充足而稳定的资金设置科学教授席来提高中等教育的师资水平。这对于加强中等教育师资,特别是物理和化学等应用性很强的学科的师资,提高中等教育质量起到了重大作用。实施科学教席的地区的中等教育也因此得以发展,比如科学教授席实施较好的南京地区,其教育基础就因此得到夯实。

中基会的创立体现、反映了自中国近代以来科学发展、科学救国的呼声。实际也是中国近代科学教育思潮影响的一个结果。1914年6月,任鸿隽与赵元任、胡明夏等留美学者就在美国发起组织"中国科学社",倡导科学教育,主张将科学内容与方法渗入各项社会事业。第二年刊发《科学》杂志,向国内宣传其主张。任鸿隽认为,科学教育上之重要,不在于物质上之知识,而在其研究事物上之方法,尤不在研究事物之方法,而在其所与心能之训练。②五四新文化运动将科学与民主并举,视为"若舟车之有两轮焉",并主张用理性的精神和科学态度来判断一切社会问题,建设中国的"真教育"。由于中国科学社的努力,科学教育成为近代重要的社会思潮。在新文化运动时期各种流派的科学教育思潮中,以任鸿隽、蔡元培为代表的中国科学社和《科学》杂志倡导以科学内容尤其是科学方法与科学精神渗透、充实各项社会事业,尤其是教育领域。通过发行刊物,翻译书籍,设立图书馆、博物馆和各种科学研究所,传播科学知识和科学思想。中基会的事业和资助项目充分体现了这种科学教育思潮及主张。

---

①任鸿隽:《十年来中基会事业的回顾》,《东方杂志》1935年第7期。
②任鸿隽:《科学与教育》,《科学》1915年第12期。

中基会通过对科学研究和教育的各种资助,促进了中国近代学校中的科学教育。清末以来,虽然经过民国初年的教育改革,科学教育获得一定发展,但学校科学课程仍然不足,教育方法仍以讲读为主,忽视实验教学,科学教育水平依旧低下。根据1923年6月确定并刊布的《中小学课程标准纲要》,初级中学课程设社会、言文、算学、自然、艺术、体育6科。高级中学分普通科和职业科。普通科分文学、社科和数理三类,又分为两组:第一组注重文学和社会科学;第二组注重数学和自然科学。但此学制在具体实施中存在着缺乏师资、教材、设备等诸多问题。[1]

1921年,美国教育家孟禄应邀来华访问,在对中国教育进行广泛调研后,他认为中国教育"中学最坏",科学教育缺点有二:一是科学方法运用不良,机械地接受科学知识,忽视实验;二是课程未尽科学,对科学的概念不甚明了。中国学者张准在《近五十年来之中国之科学教育》中也认为,学校仅有有关理科教育的科目不能算科学教育,科学教育必须是有研究科学之人和用科学方法解决困难问题。1922年起,为了改进中小学的科学教育,中华教育改进社总干事陶行知主持开展了实际教育调查。1923年,孟禄介绍美国科学教育家推士(G.R.Twiss)来华帮助发展科学教育。推士在华两年,先后调查了10省24城市200多所学校,讲演200余次,并撰写文章提出改进中国科学教育的建议,给中国科学教育以一定的促进。[2]中基会对科学研究和科学教育的推动和支持,顺应了中国近代科学教育的需要。

三、推动了西方国家退还庚款

作为中美合作重要成果的中基会的成立和有效运作,无疑对西方国家的对华交流产生了显著的推动作用。继美国之后,英国、法国、比利时等西方国家也做出了退还庚款的决议,并将该款项指定用于发展中国的教育文化事业。受到中基会的影响,法国、比利时、英国、荷兰、意大利等国庚款退还后,也相继设立了中法、中比、中英、中荷、中意等庚款委员会,负责庚款资金的管理和使用。

---

[1]孙培青主编《中国教育史》,华东师范大学出版社,2000,第397页。
[2]孙培青主编《中国教育史》,华东师范大学出版社,2000,第390页。

中法教育基金委员会于1925年4月12日在北京成立。根据1901年《辛丑条约》有关赔款问题的规定，包括法国在内的11个国家从中国共勒索赔款4.5亿银两，其中法国获得赔款70 878 240银两，折合265 793 400法郎，占庚款总数的15.75%，仅次于俄、德，居第三位。[①]受美国退款的影响，在1912年辛亥革命推翻清朝专制统治之后，留欧中国学生亦有意争取法国退还剩余庚款，时任巴黎中国豆腐公司经理的韩汝甲，与法国众议院议员、进步党领袖班乐卫（Painlevé）共同发起中法共和联进会，其宗旨为促使法国政府承认中华民国，推动法国退还庚子赔款等。由于战后中法两国文化教育合作事业如火如荼地展开，以及法国在庚款中所占的比例较大，当时国内致力于中法文化交流事业的人士对争取法国退款寄予很大期望。李煜瀛曾受北京大学、侨工局及西南当局的委托专门赴法开展退款运动。在中法两国民间人士的推动下，1921年中法两国政府开始就法国退还庚款问题进行洽谈。经过数年的谈判和交涉，1925年4月12日，中法换文解决法国部分庚款余额的退还及其用途问题，法国政府承诺将1924年12月1日起算之法国部分庚子赔款余额退还中国政府，作为中法两国有益事业之用。[②]

法国庚款大部分用以恢复中法实业银行，后因教育界多方设法争取，始得一小部分办理中法间教育及慈善事业之用。法国庚款问题解决后，中国政府还可以收回一笔1 000万元的资金，其中150万元用于教育界。[③]该委员会用这项专款在国外资助巴黎大学中国学院、里昂中法大学和派遣留法学生；在国内资助北平中法大学、大法中学，并补助由法国传教士在华兴办的许多学校和学术机构。连天津海军医学校法籍教员的欠薪，也由这笔庚款拨付（海军医学校前身为北洋医学堂）。1901年后，法国在天津开辟租界，学堂所在的大沽路恰在界内，法方要将这片官地没收，经过交涉，虽仍得维持原状，但法方提出必须聘用法籍教员。1929年，南京政府海军部派员接收该校，连年欠薪，到1930年外籍教员回国，学校便关闭。1933年春，北平军分会张学良因筹集军费，与法方签约

[①] 葛夫平：《法国退还庚款与兴学——中法教育基金委员会研究》，《近代史研究》2011年第2期。
[②] 葛夫平：《法国退还庚款与兴学——中法教育基金委员会研究》，《近代史研究》2011年第2期。
[③] 陆建德：《图书馆"兼职"副馆长的工资——鲁迅、李四光和中华教育文化基金会》，《海南师范大学学报》（社会科学版）2014年第12期。

将医学校地基售给法方,1933年12月经改议,取消张学良所签协约,另订新约,39亩土地得以保留24亩作为恢复医学校和医院之用,法籍教员欠薪由法国退还的庚款支付。至于1939年成立的中法比瑞文化协会,也受到中法庚款的支持。基金会还专门编辑了一套中法教育基金会丛书,并资助中国学者研究和宣传法国文化,取得了一定成果。

中比庚款委员会于1927年12月8日成立。比利时庚款在偿还华比银行垫款以后,剩余资金以40%交陇海铁路,35%交中国国有铁路,用于向比利时购买材料之用,只有25%用于教育慈善事业。

中意庚款委员会于1928年4月27日成立。意大利庚款在偿还华意银行垫款后,再作办理教育、慈善、公益工程之用。其中公益工程占剩余款项半数。如沪杭甬铁路之曹娥江铁桥工程及其他中国国有铁路之铁桥工程等。其次充作导淮工程、海州商埠及改良北京市政之用。[①]

1922年12月22日,英国政府宣布中国应付未到期之庚款,即将退还中国,作为有益于两国教育文化事业之用。但是直到1930年9月,中英两国才正式达成换文,决定以1922年后中国所赔付的款额为基金,用于借充整理及建筑中国铁路及其他生产事业,以其息金用于教育文化事业。英国退还的数额,从1922年12月起至1945年12月止,计本金6 935 319镑9先令,利息4 251 228镑4先令,共为英金11 186 547镑13先令。[②]中英庚款的管理,最初由1931年4月成立的管理中英庚款董事会负责。于1943年改由中英文教基金董事会管理,进一步明确退款必须用于文教事业。在各国退还的庚款中,英庚款数额并不算最多,但是对教育的支持取得了相当的成效。1933年8月开始考选第一届庚款留英学生,至1938年连续举办六届,共选拔124名留学生。抗日战争全面爆发,给选派留学生带来了诸多不便。1939年,董事会在香港、上海、昆明、重庆四地,同时举行第七届庚款留英考试。但受国际环境影响,所选拔的24人无法赴英,后决定赴加拿大留学。[③]中英庚款使用的另一个重点方向是高等教育。董事会对高等教育的补助集中在基础设施建设或设备添置等方面。1934年,对

[①] 陈竞蓉:《孟禄与中国近现代教育》,硕士学位论文,华中师范大学,2004,第65页。
[②] 郑刚:《中英庚款与民国时期的教育》,《教育与经济》2011年第3期。
[③] 郑刚:《中英庚款与民国时期的教育》,《教育与经济》2011年第3期。

中山大学、中央大学、武汉大学、浙江大学、北洋工学院、上海医学院、南开大学、燕京大学、厦门大学、湘雅医学院、辽宁医学院11所大学提供了补助。1935年，董事会增加了对省立云南大学、广西大学等大学的补助。1936年，接受补助的范围继续扩大，国立大学有山东大学、四川大学、交通大学、北平大学医学院、同济大学医学院，省立大学有河南大学、甘肃学院、浙江省立医学专校、江西省立医学专校、山西省立工业专科学校，省私立大学有金陵大学、岭南大学孙逸仙博士医学院、南通学院、焦作工学院、华北工程学校、华西协合大学、齐鲁大学。[①]

此外，中英庚款也被用于抢救战乱中失散的珍贵图书。抗日战争期间，大批古书散见于市场，方志、史料、文书、家谱都被当作废纸论斤称卖。日本人通过华北交通公司在北平、天津以低价购进大批资料，美国各大图书馆也派人在沪、宁等地抢购这类图书资料。郑振铎、张寿镛、何炳松、张元济等文化界人士获得了中英庚款的支持，从1940年起展开抢救古籍工作，到1941年12月8日太平洋战争爆发为止，共收1.5万种，其中有宋、元珍本。这些图书中的3 000种曾运往香港，被日本军队劫走，到1947年2月才物归原主，运回国内。其余书籍大部分被郑振铎在十分困苦的环境下保管在上海。抗战期间，设在重庆的教育部医药教育委员会也受到中英、中比退还庚款的支持。

当时在美国的倡导下，各国纷纷退还庚款，在中国设立相应的机构，但都怀有各自的目的，最终达到的效果也不尽相同。中基会则是众多庚款管理机构中，资金全部用于中国教育文化事业的唯一者。中基会对我国文化科学事业的发展产生了重大的影响，加快了我国现代科学的学科建设，取得了一些举世瞩目的科学成就，并对良好学术环境的形成起到了引导作用。

尽管中基会科学教育顾问委员会（编译委员会）编译的大中学校科学教科书免不了模仿美国现行教材，一些大学及教育学术团体在使用中基会的赞助基金从事教学、研究工作，于教育思想、教育方法乃至教育的价值取向等方面亦难免受美国的影响，然而在当时中国政局不稳、战争连年、国家处于内忧外患的状况下，中基会毕竟对教育文化事业的发展起到了相当大的促进作用[②]。

[①] 郑刚：《中英庚款与民国时期的教育》，《教育与经济》2011年第3期。
[②] 陈竞蓉：《孟禄与中国近现代教育》，硕士学位论文，华中师范大学，2004，第65页。

四、促进了中国现代科学的发展

中基会将工作重点放在提高科学教育水平和发展科学研究上,在这方面舍得花大钱。如前所述,中基会除了对许多学校和研究机构进行补助外,还专设了科学教授席,为每名科学教授在任聘期间提供10 000多元的设备费;专设科学研究教授席,并相应补助应聘研究教授所在机构。此外,该会给应聘的教授以优厚待遇:科学研究教授的应聘者年薪在5 000元以上,据中基会报告,翁文灏年薪为7 200元,李济、秉志年薪各6 000元,该会与北大合款项目中的研究教授年薪平均也达6 000元(当时一般大学教授年薪约为3 600元)。而就当时的客观环境看,指望政府对科学教育给予多大关注和投资是不可能的。中基会的资助使教学、科研人员的物质生活条件得到改善,使学者们不必为生活担忧分心,并为他们创造良好的工作环境,是保证科学事业迅速发展的重要客观条件之一,中基会在这点上充分显示出他们的眼光。[①]

由于当时中基会、洛克菲勒基金会和霍尔基金会的主要任务、资助目的与取向的不同,故其对大学研究院所的资助方式与资助对象上也呈现出一些不同特点。如它们资助的针对性较强,主要是补助研究设备的购置和研究人员的津贴,而且具有稳定性、持续性的特征。在资助对象和领域上,也有一定的差异性,如作为国内的基金会——中基会倾向于对公立大学研究院所提供资助,重点是科学领域。洛克菲勒基金会则有所不同,这一基金会是由美国石油大王约翰·戴维森·洛克菲勒于1913年5月创设的慈善组织,它对我国大学研究院所的资助主要集中于南开大学的经济研究所。通过美国耶鲁大学费暄教授的介绍,洛克菲勒基金会副总裁冈恩于1931年访问了南开大学,他非常赞赏南开大学对中国经济的开创性研究,决定给予经济研究所为期五年(1932—1937年)的资助,每年资助1.5万美元,共计7.5万美元,并增加其毕业生赴国外继续深造的奖学金额度。后来,洛克菲勒基金会在1932—1937年间实际捐助给南开大学经济学院和经济研究所的资金分别是:1932年至1934年每年6万美元,1935年3.75万美元,1936年4.5万美元,1937年4万美元。这是洛克菲勒基金会第一次

[①] 曹育:《中华教育文化基金会与中国现代科学的早期发展》,《自然辩证法通讯》1991年第3期。

对我国私立社会科学研究团体给予年金补助,此后又增补了一定名额的毕业生和研究人员出国进修费用。据经济研究所的创始人何廉回忆,洛克菲勒基金会对南开大学经济研究所的拨款最多时高达经济研究所总预算的1/3,为研究所工作的开展带来了非常必要的稳定性[①]。全面抗战时期,南开大学经济研究所迁至内地,洛克菲勒基金会继续给予了直接或间接的资助。到1946年为止,这种资助已超过20万美元,是该基金会对中国社会科学领域的最大宗拨款。[②]

霍尔基金会则向教会大学的国学研究所提供资助。霍尔基金会是由美国铝业大王查尔斯·马丁·霍尔创设的慈善组织。在中国,霍尔基金会的资金必须用作文化教育和研究方面。根据霍尔基金会1928年公布的国外教育基金分配计划,在华的6个教会大学得到其资助,分别是燕京大学100万美元、岭南大学70万美元、金陵大学30万美元、华西协合大学30万美元、齐鲁大学15万美元、福建协和大学5万美元。获得资助后,这些教会大学立即着手创办国学研究机构以开展中国文化研究。当然,尽管当时国内外基金会的资助初衷可能带有某种企图或目的,但它们的资助行动确实为我国大学研究院所的创建与发展起到了积极的推动作用,为我国大学的学术研究和人才培养做出了重要贡献。[③]

五、促进了中国现代留学教育的扩展

留学教育是中国近代以来走向世界、学习西方科学文化的重要途径,也是中国现代教育的重要组成部分。但是20世纪后,由于教育经费没有保障,这一时期的官费留学,除了少数富庶省份外,几乎陷于停顿。1908年,美国政府和国会决定将庚子赔款退款用作资助中国留美学生的经费。中华民国成立后中基会利用第二次庚款退款,进一步为留美学生提供了资助,留美人数激增。由庚子赔款所支持的留学教育对中国教育产生了积极影响。大多数留美学生归国后承担了建设国家经济、文化、教育及科技事业的领导重任,并在科学文化领域中发挥了开拓性作用。

[①] 何廉:《何廉回忆录》,朱佑慈等译,中国文史出版社,1988,第50页。
[②] 资中筠:《洛克菲勒基金会与中国》,《美国研究》1996年第1期。
[③] 陈元:《国内外基金会与民国大学研究院所的发展》,《现代教育科学》2014年第3期。

在美国庚子赔款退款的促动下,英、法、意、比、荷在 1922—1933 年间纷纷效仿,对中国现代留学教育的发展起到了不小的推动作用。庚子赔款本身是帝国主义各国贪婪掠夺和敲诈中国人民的财富,如果退款不被外力硬性规定,在军阀混战的时代,这笔钱是不会被用来办教育的。[①]

第二节　中基会成功运作之原因

从 1924 年成立到 1949 年,中基会在促进中国科学教育、研究以及应用方面发挥了积极的作用,取得了显著的成就。中基会能够长期成功地运行,是多方面因素促成的,其中,合理的制度、政策,董事会成员的社会影响力和尽职尽责的奉献,无疑是使其工作卓有成效的重要原因。

一、严格按照规定的章程运行,制定并实施合理的管理制度

中基会对教育文化的界定明确清晰,这为具体资助工作提供了严格的制度框架,便于确认和把握资助的范围,使受资助项目和个人不偏离中基会的基本原则和目的,即制定了明确而具体的资助原则、条件和标准,便于资助工作的顺利进行。中基会对教育文化做出了明确的限制,即科学事业,中基会进而把科学的范围规定为自然科学及其应用,社会科学事业偶尔也被考虑,但不是中基会事业的重要部分。

为了使资助工作充分体现中基会的基本原则,该会建立了一系列规章制度,对如何管理基金、通过什么途径使基金生利、记什么形式的账目乃至如何发放补助金、监督资金的每项用途、是否取得预期成绩等都有详细规定,并有相应机构分别执行有关事务。例如,在补助金的使用上,该会的补助是按季度发放的,要求受补助机关(个人)报告年度工作,并规定获补助的机关(个人)在补助期内如无相当成绩,该会就随时停发补助金;获研究补助金的人若无特殊原因,三个月内还没开展工作,或提前结束工作,则节余下的钱就由该会另作他用;受

[①] 程方平、刘民:《中国教育制度沿革》,吉林人民出版社,1999,第 481 页。

补助(或受聘)者不得兼任其他有薪职务,一经发现违反者,立即取消其资格;与受款、给奖有关的中基会成员应回避参加讨论,或不能取得有关资格;等等。中基会每年刊行中、英文版的报告,将所有工作情况、账目(附查账员报告)等分门别类,一一详细公布于众,不但上交政府有关部门备案,而且所受补助的机关也均获得该会报告。像中基会这样大透明度的机构,不但当时国内少见,在管理各国退还庚款的有关委员会中,恐怕也仅此一家。总之,中基会及所属各部门全体人员人尽其职,建立健全各种规章制度,以高度负责的态度和高效率的方式,把钱用在点子上,并坚决杜绝浪费,使资金能充分发挥作用,这是其成功的重要因素之一。①

接受资助者严格遵守基金资助要求。受补助者,当获得其他来源的资助时,或由于某种原因而不能如期开展工作时,抑或工作提前结束者,均能自觉主动函告该会,请求取消或延期补助。事实上,只要有可能,甚至在环境极度艰难的情况下,如在战争期间,中基会也在努力工作。②

中基会在坚持既定原则的前提下,根据资金情况和实际需求,不断修正和调整补助原则,完善资助制度。1928年召开的第四次年会对原定的工作方针做了一定的补充和修正,代理干事长周诒春提出,中基会的用款方式应集中财力于少数事业,并提出如下三条原则:第一,补助学校以中等程度为限;第二,补助款项宜以一事业为本位,在一机关内,如有一事业方受补助,并不妨碍其他事业之补充;第三,建筑费暂不给予。1932年,干事长任鸿隽又特拟了当年度用款的三点补充原则:第一次请求补助之机关,暂不考虑;继续申请之补助,不得超过原额;各补助费俱暂以一年为限。③全面抗日战争爆发后,任鸿隽又就中基会的工作原则、补助研究机关办法、协助大学教育、协助重要科学研究成果出版及奖励科学研究等方面,提出了补充意见和具体的实施方法。

---

① 曹育:《中华教育文化基金会与中国现代科学的早期发展》,《自然辩证法通讯》1991年第3期。
② 曹育:《中华教育文化基金会与中国现代科学的早期发展》,《自然辩证法通讯》1991年第3期。
③ 《中华教育文化基金董事会第七次报告》,1932,第21页。

二、董事会成员有高度的责任心和远见卓识

中基会能够成功地运行与董事会成员的家国情怀、科学素养以及对中外国情的实际了解是分不开的。董事会的历任中方成员不但均在国外留过学,而且都是当时社会和学术界的名流。其中有著名大学的校长周诒春(清华大学)、蔡元培(北京大学)、蒋梦麟(北京大学)、张伯苓(南开大学)、范源濂(北京师范大学)、李煜瀛(中法大学)、郭秉文(东南大学),著名学者赵元任、胡适、黄炎培、傅斯年、任鸿隽,著名地质学家丁文江、翁文灏,著名外交家颜惠庆、施肇基、顾维钧、伍朝枢,以及著名管理家孙洪芬、徐新六、孙科等人。该会中的数名美国人,也都是在华工作过多年的专家或是了解中国国情的学者,如顾临(北京协和医学校校长)、司徒雷登(燕京大学校长)、贝诺德(北京国际银行经理)、孟禄和杜威(二人均为哥伦比亚大学教授)等。他们不仅具有扎实的科学素养和出色的管理才能,而且工作作风严谨正派,具有发展中国科学文化事业的强烈责任感。董事们的素质决定了他们具有高水平的管理素养和在分配用款上的远见卓识。

依靠学者们来进行各项工作是该会的一大特色。中基会下设机构,如科学教育顾问委员会、科学研究补助金与奖励金审查委员会等部门的成员均是科学名家。这些学者们在讨论款项分配及给奖等事项时,做到了严格把关,以学术价值为唯一标准,不受亲朋关系和政治态度的影响。

三、中基会董事会成员的身份与社会影响力

中基会董事会成员均为中美社会知名人士。中方董事成员来自政府机构和大学等学术团体,具有很高的权威性和社会影响力。如首届中基会董事会中方成员14人中,颜惠庆曾任内阁总理、驻德公使、外交总长;顾维钧曾任外交总长;范源濂曾任北京师范大学校长、前教育总长;黄炎培是江苏省教育会副会长,东南大学及中华教育改进社董事;蒋梦麟是北京大学代理校长;张伯苓是南开大学校长;周诒春是财政整理委员会秘书长、清华大学前校长。

美方成员也是在美国社会中具有一定影响力的知名学者、教授。孟禄是哥

伦比亚大学师范学院国际研究所主任；杜威是哥伦比亚大学教授；贝克是中国交通部铁道管理局顾问；顾临是洛克菲勒基金会中华医药董事会驻华代表；贝诺德是北京国际银行总裁、清华基金董事会董事。

此外，蔡元培、胡适、任鸿隽、孙科、翁文灏、司徒雷登等国家和社会高层人士都曾担任董事。

四、资助领域广泛又有重点

中基会对民国时期中国自然科学发展予以极大之推进，资助领域广泛，同时在重点项目和重点学科上又重点资助，如国家图书馆、地质学、生物学等都是其重点资助项目及学科。中基会认为，中国科学事业发展，应优先发展具有地域性之地质学、生物学等，故此两学科所得资助也最多。中国科学社生物研究所就是中基会重点资助的机构，陈焕镛在该所时，获得中基会每年资助15 000元，另有建筑补助费等。1928年成立的静生生物调查所，则是中基会与尚志学会合办的事业。

中基会对科学事业的资助，在选定好目标后，给予持续的重点支持，而不是采取平均分配的方式。事实证明，这种有重点的资助方式使得受资助机构取得了明显的进步，如中基会对当时中山大学生物学领域（植物研究所）的支持就是这样。1932年发布的《中华教育文化基金董事会第七次报告》对中山大学植物研究所做出的出色成绩给予肯定：该校之补助费本年共有二种，一供稻作研究……一供植物研究……植物研究方面，由该院农林植物研究所主持。本年以海南岛、北江、瑶山、温塘山等处为中心，共采得标本六千七百余号，约六万五千余份。合前此所采集者，共有标本二万六千余号。另有液浸木材、种子等标本一千余号；又苗圃中栽培植物约六七千号。本年出版之刊物，有 *Species Novae Vel Minus Cognitae* 单行本，附印于《佛氏丛刊》(*Hooker's Icones Plantarum*)中，及《今后发展植物学刍议》之中文单行本等编。[1]

---

[1]《中华教育文化基金董事会第七次报告》，1932，第45—46页。

第三节　关于中基会的争议

由于中基会在法律上是一个非营利性质的教育文化民间团体,成立与经费来源都是起源于美国退还的赔款,所以又与民间的基金会大不相同,深具政治上、外交上和民族性质上的特质。

中基会是中美两国政府和民间各界人士共同促成的一个机构,其设立的宗旨明确。美国政府之所以如此行事,主要是为保持其在中国的长久利益及传播美国的价值观念;中国政府则认为借此可发展中国的科学文教事业,加快现代化步伐。尽管两国有关人士赞同设立和维持该机构的动机各不相同,但在客观上推动了我国现代科学文化教育的发展,为我国现代科学教育奠定了基础。客观地说,在退还庚款的使用上兼顾中美双方利益,保留退款国的某些利益是不可避免的,而且与其他国家的庚款退款管理机构相比,中基会辅助教育的专门性和独立性是比较强的。但美国在中基会中这种特权的存在,是对中国主权的损害。显然中基会是民国初期中国特殊的政治环境和教育环境的特有产物,中基会对外国特权的保留损害了中国的部分教育主权。当时对于军阀政府能够起到约束力的就只有外强,国内任何势力都不能保证军阀政府言而有信,为保证退款不被军阀政府占有,借助于美国的权威来制约自己的政府,教育界这种看似有损主权的做法,对于当时的教育界来说是无奈的选择。[①]

由于政治环境的变化和受到意识形态的影响,在我国不同时期,对中基会的定性及评价差异较大。对其的评价主要集中在其政治色彩、运作方式和派系色彩等方面,亦即对其民族自主性、独立性、规范性和公平性等存有质疑。

就中基会的资金来源及设立的初衷来看,它显然是不平等的《辛丑条约》的一个附带结果,是国耻的产物。尽管从中基会的章程文本来看,中基会是掌管美庚款退款的具有民间性质且独立运行的基金董事会,但从中基会成立开始,组织机构人选、资助原则和方针的确定,都与美国有着千丝万缕的联系。美方一直对中基会的运作发挥着影响。"中基会的某些做法有悖于战时中国的主权利益。中美两国政府在中基会问题上的利益分歧,固然是这场冲突与交涉的根

[①] 姜朝晖:《民国时期教育独立思潮研究》,中国社会科学出版社,2008,第121—125页。

本原因,但中基会的居中活动也发挥了直接影响。作为一个主要由学者构成的特殊群体,中基会纯粹从自身利益出发,对新约与中基会的法理关系片面理解,甚至借助美国政府来打压国民政府,如果说这些做法包含有重视中美文化合作交流的积极意义,体现了学者群体能够理性看待中基会的优势,那么它们同时又阻碍了普遍的民族热情以及对国家法权的维护,暴露出'学者从政'的劣势。中基会自有其存在的价值,但翁文灏、胡适等保留中基会的某些做法,的确对国家收复法权造成了伤害。"[1]国内学者张睦楚对这一问题做了较为系统的阐释:

就支配退款权限而言,自始至终都是受到美方强烈干预,正如"列强挟着歹意实行干涉,我们有什么办法可免除列强文化侵略的毒计?"就组织人选方面,"每年派送留学生额与选取方法,美政府均得干涉;即校长、教员之任免有时亦须得驻京美使署之同意。前年复设一'董事会'学校主权大半归美使署书记官"。按照这一理解,所设立的中基会在一开始即是处于被动地位的,其殷鉴不远,大可值得深思。随着历史时针的滑落,1928年中基会面临改组的困境,孟禄所拟说贴以停款相要挟、运作期间美方董事顾临对干事长任鸿隽个性作风颇多微词:"我们绝望地缺乏明智的指挥和领导,任只宜于从事琐务";1943年《中美新约》签订后,政治格局风云激变,中基会面临被废除的危机,美方公开声明"吾人相信中国政府方面亦会同样予该董事会以必要之自由,使其得独立处理所委托基金,并依其组织法所规定之目标而行使职权";甚至1949年后,中基会将事业转移到台湾之前很长一段时间,一切可移动证券及现金资产的转移处和业务财物办公均是在纽约,在彼时的国内政治形势下,此类与美方耐人寻味的联系是教育界在国内军阀政府和退款国之间做出的无可奈何的倾向性选择,在危机时假借美权威防止政府肆意干涉,也在一定程度上保留了外方特权,无不显示出虽作为国内本土基金会本应与国内政府协调关系却不得不借助美方力量二律背反的事实。[2]

1949年之前,中基会就经历了存废的争议,国民政府曾几次要改组中基会。在中基会内部,虽然已经确定了发展科学教育文化事业的基本原则,但资金究竟投向哪些学科领域和机构,也曾有争议。

---

[1] 张龙林:《〈中美新约〉与中基会存废之争》,《中山大学学报》(社会科学版)2010年第3期。
[2] 张睦楚:《教育独立视野下的中华教育文化基金董事会困境研究》,《赤子》2014年第7期。

中基会的独立性问题也受到学者的质疑。张睦楚在研究中分析道,号称"独立自主,永久自存"的基金会试图在政党、学术界、教育界、美方的复杂关系中维持其理想与信念,但基于彼时特殊历史环境和政治格局,这种努力收效甚微。虽是民国时期最具影响的教育基金会,但由于其与政治有千丝万缕的联系,中基会也笼罩在政治权威之下;与美方割舍不断的经济依赖,也深受政局变动而起伏不定;民间人士掌管巨额资金难免引起各阶层非议,也饱受世人之诟病,从始至终都难以真正独立。[①]

国内学者姜朝晖也对中基会的独立性持否定观点。虽然中基会的成立和运作确实在相当程度上实现了中国教育界教育经费独立的诉求,但是换一个角度看这个基金会的独立性质,其实存在许多令教育界感到尴尬无奈的地方,离教育界梦寐以求的由中国的教育专家或民间力量控制的独立距离很大。被胡适极力维护的中基会的独立性其实在道义上是有问题的,它是教育界对退款国利益和权威做出妥协后的产物。美国之所以支持退款兴学,主要是出于培养亲美人才、控制中国知识界的战略利益来考虑的。中基会通过对中国高等教育、留学教育和科学研究的资金辅助推动了中国教育从学习日本到学习美国的转向。而且在中基会的运作中,美国政府始终保有强大影响力。中基会的董事往往借助于这种影响力来抵制民国政府对中基会的插手。

在新中国成立后的相当长时期内,中基会更是被视为美帝国主义对华文化侵略的工具,而遭到彻底否定。1950年刊发于黄萍荪编辑、子曰出版社出版的《北京史话》丛刊的胡先骕撰写的《庚子赔款与中国科学人才之兴起》,因为文中多涉及中基会对近代中国科学之贡献,作者和编者都被认为有崇美思想,该刊物也被勒令停刊。此后无几人再言及中基会的人与事了,哪怕是参与其事或得其赞助者,都讳莫如深。当然,他们也并未因此受到追究或专门批判。总之,中基会这一议题似乎从大陆的文化场域中突然蒸发了。若干年后,随着岁月的流逝,于中基会知之者甚少。"1980年版《辞海》关于"中基会"有这样的记述:美国在旧中国设立的文化机构。1924年成立于北京,由美籍和华籍人员组成董事会,负责保管、分配和监督使用美国'退还'的庚子赔款,以'补助'的形式在中国

---

① 张睦楚:《教育独立视野下的中华教育文化基金董事会困境研究》,《赤子》2014年第7期。

举办文化教育事业,如设立图书馆,在高等学校设置自然学科的教席,成立科学研究机构,设置科学研究'奖金'等。解放后撤销。"①虽然2000年版《辞海》删除了三个引号并对文字稍作修改,但在近年的一些著作和论文中,仍然简单地认为中基会是美国对华文化渗透的机构,而在海峡彼岸的台湾,"中研院"近代史所杨翠华之《中基会对科学的赞助》,以及其他一些有关中基会的记述文章则从正面肯定了中基会对我国现代科学教育发展的作用。

中基会的另一个备受质疑的问题便是其背后若隐若现的派系问题。众所周知,在相当长时期内,尤其是在蒋梦麟、胡适主导北大的时期,中基会都对北大予以异乎寻常的支持。中基会对于北大的倾向性特别补助,不免受世人之诟病。在每年从美方收到的庚款有限的情况下,面对国内众多高等院校及学术机关的请款要求,单单对北大这一所机关实行"特款补助"方案不免过于"特殊"而落人话柄,因此如何能够在道义与现实下避免世人的争议与质疑也成为一个无法回避的问题。②然而,从实际情况看,这一问题始终没有得到很好的解决。中基会对北大的具体合作特款补助计划一经公布之后,如一石激荡起千层浪,引起很多教育人士的批评。1926年4月间,"全国教育团体监督庚款用途联合会"致函中基会,对它的决定大加责难,认为分款的学校团体与各董事有直接间接关系,尤其是脱离不了各方利益集团所牵扯的人情关系。彼时每年度所有40余家大学及专科学校请款,而唯独北京大学能够成为唯一一所院校单独获得"稳定"且"相对巨大"的财款,不免使人对时任董事的蒋梦麟是否在其中"有所动作"生疑。③

中基会给北大资助款项过多,在世人眼中被理解为这是由于少数"北大派"在中基会中的把持所致,自然引起了他人的批评。其中最突出的事例之一,就是1948年南开大学何廉教授与中基会的接洽经历。何廉在南开重建陷于极度困难之境向中基会请款援助,然而,中基会袖手旁观,傅斯年更是直接劝阻。对此,何廉大为恼怒,认为许多国立大学都在"北大集团"的把持之下,而中基会

---

① 胡宗刚:《关于中基会——档案中的历史》,《东方文化》2003年第6期。
② 张睦楚、孙邦华:《从理想主义到现实激荡——中基会与"北大合作特款"下的学人分歧》,《现代大学教育》2014年第5期。
③ 张睦楚、孙邦华:《从理想主义到现实激荡——中基会与"北大合作特款"下的学人分歧》,《现代大学教育》2014年第5期。

"最有影响的董事"如蒋梦麟、胡适、傅斯年等,均为"北大派"干将,因此,中基会的运作无疑牢牢处于北大的主导之下,其派系色彩是不言而喻的。

但由于中基会成员较少且管理着巨额资金,工作中难免会遭受指责。包括教育界中的某些人士对中基会的工作也有微词。如1932年5月任鸿隽去南方出差,船经过南京时,他偶然看到中央大学教授编辑出版的《时代公论》周报,其中程其保教授的《庚款与教育》一文中表露出对中基会工作的不满,认为"庚款之保管,大都付之少数之人,故其用途怕为少数人支配","各国庚款既直接或间接以提倡教育文化事业为标榜,则负有主持全国教育之责者,应有全权支配之权"。该文还批评中基会所提倡、所协助均属零星,毫无通盘之筹划,而在北平新设图书馆,则又用款过巨。①

1934年,为了申请中基会对中山大学生物学的资助,中山大学校长邹鲁写给中基会的信函中也暗示中基会资助对南北方的不公正问题。信中写道:

今年六月此二项事业之补助费即将截止,影响于此等事业之前途实大,鲁甚望该会能考察此二项事业过去之成绩而继续予以补助,且增加其补助金额,使之有充分的发展。鲁之此种愿望,若以吾粤所担负之赔款比例而言,当不为过。鄙意以为,该基金董事会既负有推进我国教育文化之重任,对于华南文化事业之进行,应有深切之认识,而于补助费之支配,尤应与华北各地得一适当之比例,为此函请先生主持公道,促令该会对于此点加以注意,无任盼祷。②

中山大学程其保更是认为各国庚款保管权交付少数人(这里的少数人大概意指"北大派"),未免为少数人所支配之嫌,并认为中基会在北平新设图书馆用款过巨。最关键的是由于北大每年所获20万元补助费,补助款额过于巨大,而相对中大教育系"区区万元之数,独不可得"而生愤慨不平之情。

北京大学获得的如此"特殊优待",也免不了引起其他学校各大学者团体的抗议。京平津各大学读书联合运动会即以揭穿中基会"黑幕"为宗旨,发表了一篇颇为激进尖刻的宣言,宣言说,中基会成立以来,一直把持在几个野心勃勃

---

① 程新国:《庚款留学百年》,东方出版中心,2005,第56页。
② 胡宗刚:《华南植物研究所早期史》,上海交通大学出版社,2013,第79页。

的"北大派学阀手里,如蔡、蒋、李、胡、赵、任者流,当他们征服了全国大部分大学的领域后,更肆无忌惮,为所欲为。奖励文化,而文化荡然;提倡教育,而教育反遭摧残"[1]。

　　时任中基会干事长的任鸿隽对有关人员的一些批评意见的回应和解释,体现了中基会的资助原则和立场:中基会的分配款项,有一个"主要政策",是图吾国自然科学的发达,要图自然科学的发达,所以要提倡科学研究,要提倡科学研究,所以要设立科学研究教席,设立调查所,设立一个较大的参考图书馆,而不主张设立许多分散的民众图书馆。这些事业,在程先生(程其保)以为是"因人设事",实则是由"详细拟定"的"主要政策"而来。至于集中财力,做一点比较有效的事业,也是中基会"主要政策"之一。程先生不必因北大得了补助,与中大教育系的未得补助(实则中大理学院、农学院皆曾受相当的补助,教育学院亦有中基会设立的教授席),而认为"不平之例,未有甚于此者"了。[2]

　　平心而论,中基会问题上有多少派系色彩虽然是可以探讨的,但其背后的北大因素无疑是不可忽视的重要力量。这是无可置疑的事实。当然,这种局面的形成,在一定程度上也是与北大在中国知识界"树大根深"的历史地位分不开的。这是历史的选择,也是中国特定社会环境、学术格局所自然生成的产物。在当时的中国,这种局面是难以避免的。[3]然而,不管中基会在历史上有过哪些过往、有过哪些成就与纷扰,它都已随着时光的流逝而隐入历史长河中。这段历史已然过去,但在近代中国文教史上留下了难以磨灭的印迹,给后人留下了无尽思索,并且依然以无形的方式参与着中国近代学术文教史的书写。

---

[1] 张睦楚、孙邦华:《从理想主义到现实激荡——中基会与"北大合作特款"下的学人分歧》,《现代大学教育》2014年第5期。

[2] 张睦楚、孙邦华:《从理想主义到现实激荡——中基会与"北大合作特款"下的学人分歧》,《现代大学教育》2014年第5期。

[3] 刘超:《学府与政府——清华大学与国民政府的冲突及合作1928—1935》,天津人民出版社,2015,第261—263页。

附　录

1.美国退还部分庚款年表

单位:美元

年份	年退还额	年份	年退还额
1909	483 094.90	1925	790 195.99
1910	483 094.90	1926	790 196.00
1911	541 198.78	1927	790 195.99
1912	541 198.78	1928	790 196.00
1913	541 198.78	1929	790 195.99
1914	541 198.78	1930	790 196.00
1915	724 993.42	1931	790 195.99
1916	790 196.00	1932	1 380 378.35
1917	790 196.00	1933	1 380 378.34
1918	790 196.00	1934	1 380 378.34
1919	790 195.99	1935	1 380 378.35
1920	790 196.00	1936	1 380 378.43
1921	790 195.99	1937	1 380 378.43
1922	790 195.99	1938	1 380 378.35
1923	790 195.99	1939	1 380 378.34
1924	790 196.00	1940	1 380 378.36
合计			28 922 519.55

（资料来源：转引自苏云峰:《从清华学堂到清华大学1911—1929:近代中国高等教育研究》，生活·读书·新知三联书店，2001，第89页，表格格式有改动。）

2.中华教育文化基金董事会章程

第一条　定名为中华教育文化基金董事会。

第二条　本会设立之目的：

甲　接受根据一九二四年六月十四日美国国务总理致中国驻美公使照会所退还之款项；

乙　酌量存储该款于一银行或数银行，并得酌用其他生利方法；

丙　酌量保留该款之一部分作为基金，以其收入充本会目的事业之用；

丁　使用该款于促进中国教育及文化之事业；

戊　接受其他用于教育文化之款项。本会在原赠予条件内，对于此等款项有支配之全权，与原退还款项相同。

第三条　本会事务之处理，以董事十五人掌之。第一次由中国大总统委派，其后每遇缺出，由本会选举补充。选出后应立即呈报中国政府。第一任董事之任期，由本会于第三届年会时以抽签定之。内三人再连任一年，三人二年，三人三年，三人四年，三人五年。以后董事均五年一任。

第四条　董事为名誉职，但到会时得酌支川资。

第五条　凡因以上目的而移交之款项证券或产业，董事会有接收管理之权，并有权自定印章格式；又得视事业之需要，聘用职员（不论是否董事）及雇员，酌定其薪俸；并得因会务之必要或便利上订定附属章程细则。

第六条　本会总机关设于北京，但其职员之办事处所及董事或委员之开会地点，得随时由本会决定改在他处。

第七条　董事每年应将上年度之事业，造具报告，连同经费收支及放款账略，呈报中国政府，并刊布之。

第八条　外交总长，教育总长，美国驻华公使，有派遣代表出席董事会旁听议事之权。

第九条　本会之职员，设董事长一人，副董事长二人，秘书一人，会计二人，内一人为华人，其他一人在赔款支付期内应为美人。

第十条　本章程得以召集特别会议，经董事四分之三赞成修正之，一面呈报中国政府备案。

（资料来源：《中华教育文化基金董事会第一次报告》，1926，第25—26页。）

3.中基会主要领导人一览表

年度	董事长	副董事长	秘书	会计	干事长
1924	范源濂	孟禄	周诒春 丁文江		
1925	颜惠庆	孟禄 张伯苓	周诒春	贝诺德 周诒春	范源濂
1926	颜惠庆	孟禄 张伯苓	周诒春	贝诺德 周诒春	范源濂
1927	颜惠庆	孟禄 蔡元培	胡适	贝诺德 周诒春	范源濂
1928	张伯苓	孟禄 蒋梦麟	任鸿隽	贝诺德 翁文灏	周诒春
1929	蔡元培	孟禄 蒋梦麟	胡适	贝诺德 翁文灏	任鸿隽
1930	蔡元培	孟禄 蒋梦麟	胡适	贝诺德 金绍基	任鸿隽
1931	蔡元培	孟禄 周诒春	胡适	顾临 金绍基	任鸿隽
1932	蔡元培	孟禄 周诒春	胡适	顾临 金绍基	任鸿隽
1933	蔡元培	孟禄 周诒春	胡适	贝诺德 金绍基	任鸿隽
1934	蔡元培	孟禄 周诒春	胡适	贝诺德 金绍基	任鸿隽
1935	蔡元培	孟禄 周诒春	胡适	贝诺德 金绍基	任鸿隽
1936	蔡元培	孟禄 周诒春	胡适	贝诺德 金绍基	孙洪芬
1937	蔡元培	孟禄 周诒春	胡适	贝诺德 金绍基	孙洪芬
1938	蔡元培	孟禄 周诒春	胡适	贝诺德 金绍基	孙洪芬
1939	蔡元培	孟禄 周诒春	孙洪芬	贝诺德 金绍基	孙洪芬
1940	顾惠庆	孟禄 周诒春	孙洪芬	贝诺德 金绍基	孙洪芬
1941	顾惠庆	孟禄 周诒春	孙洪芬	贝诺德 金绍基	孙洪芬
1942	翁文灏（非常时期委员会主席）	周诒春	杨格 任鸿隽	任鸿隽
1942	孟禄（特设驻美委员会主席）	胡适	贝诺德 施肇基	顾临
1943	翁文灏（非常时期委员会主席）	周诒春	杨格 任鸿隽	任鸿隽
1943	胡适（特设驻美委员会主席）	孟治	贝诺德 施肇基	顾临
1944	翁文灏（非常时期委员会主席）	周诒春	杨格 任鸿隽	任鸿隽
1944	胡适（特设驻美委员会主席）	孟治	贝诺德 施肇基	顾临
1945	蒋梦麟	翁文灏 顾临	周诒春	贝诺德 施肇基	任鸿隽
1946	蒋梦麟	翁文灏 顾临	周诒春	贝诺德 施肇基	任鸿隽
1947	蒋梦麟	翁文灏 顾临	周诒春	布拉第 李铭	任鸿隽
1948	蒋梦麟	翁文灏 司徒雷登	胡适	霍布金斯 霍宝树	任鸿隽
1949	蒋梦麟	翁文灏 司徒雷登	胡适	霍布金斯 霍宝树	任鸿隽

（资料来源：赵慧芝：《中基会和中国近现代科学》，《中国科技史料》1993年第3期，编者有改动。）

4.中基会重要会议一览表

名称	时间	地点
成立会	1924年9月18日	北京外交部
第一次年会	1925年6月2—4日	天津裕中饭店
第一次常会	1926年2月26—28日	北京饭店
第二次年会	1926年6月24日	北京欧美同学会
第二次常会	1927年3月3日	北京欧美同学会
第三次年会	1927年6月29日	天津裕中饭店
第四次年会	1928年6月29日	天津利顺德饭店
第三次常会	1929年1月4日	杭州新新旅馆
第五次年会	1929年6月29—30日	天津利顺德饭店
第四次常会	1930年2月9日	上海礼查饭店
第六次年会	1930年6月28日	南京教育部会议室
第五次常会	1931年1月9日	上海沧州饭店
第七次年会	1931年6月26日	北平中基会会所
第六次常会	1932年1月8日	上海礼查饭店
第八次年会	1932年7月1日	北平中基会会所
第七次常会	1933年1月6日	上海礼查饭店
第九次年会	1933年7月14日	上海都城饭店
第八次常会	1934年2月2日	南京
第十次年会	1934年6月29日	北平中基会会所
第十一次年会	1935年4月19日	上海国际饭店
第九次常会	1935年10月26日	上海沧州饭店
第十二次年会	1936年4月18日	上海沧州饭店
第十三次年会	1937年4月30日	上海
第十四次年会	1938年4月27日	香港半岛酒店
第十五次年会	1939年4月22日	香港半岛酒店
第十六次年会	1940年4月15日	香港半岛酒店
第十七次年会	1941年4月18日	香港半岛酒店

续表

名称		时间	地点
非常时期会委员会	第一次会议	1942年1月18日	重庆
	第二次会议	1942年6月6日	重庆
	第三次会议	1943年1月18日	重庆
	第四次会议	1943年6月30日	重庆
	第五次会议	1944年1月16日	重庆
特设驻美委员会会议	第一次会议	1942年1月13日	纽约
	第二次会议	1942年3月16日	纽约
	第三次会议	1942年10月12日	纽约
	第四次会议	1943年3月6日	纽约
	第五次会议	1943年5月25日	纽约
	第六次会议	1943年12月3日	纽约
	第七次会议	1944年6月23日	纽约
	第八次会议	1944年9月11日	纽约
	第九次会议	1944年9月30日	纽约
	第十次会议	1944年12月28日	纽约
	第十一次会议	1945年3月1日	纽约
	第十二次会议暨董事会特别选举会议	1945年6月2日	纽约
第十八次年会		1945年12月1日	重庆
第十九次年会		1947年3月14日	南京
第二十次年会		1947年12月13日	南京
第二十一次年会		1948年9月18日	南京

（资料来源：赵慧芝：《中基会和中国近现代科学》，《中国科技史料》1993年第3期，编者有改动。）

5.中华教育文化基金董事会分配款项原则

本会所有事业，以中国驻美公使于民国十四年六月六日致文于美国政府所声明者为范围，现在会务方始，关于事业中之各项问题，尚待调查考虑。惟阅各方送到多数之请款意见书，属望甚奢，而收回赔款为数有限。且经议定以赔款之一部分留作永久基金，庶赔款期满后，仍得以其息金办理必须继续之事业，因此,目前可以支拨之金额更属不多。本会甚愿就此有限之资力,进谋最大最良之效果。兹先就分配款项一端,议定原则如下。

一　本会分配款项,概言之,与其用以补助专凭未来计划书请款之新设机关,毋宁用以补助办理已有成绩及实效已著之现有机关。

二　有因本会补助,可以格外努力前进,或可以多得他方之援助者,是种事业,本会更应重视之。

三　本会考虑应行提倡之事业时,对于官立私立各机关不为歧视。

四　本会分配款项,对于地域观念应行顾及,其道在注重影响普遍之机关,如收录学生遍于全国,或学术贡献有益全民者,皆在注重之列。

五　本会分配款项,应规定期限,到期继续与否,由本会斟酌再定。

六　本会分配款项,须先经干事长详慎审查,遇必要时,得征集专家意见或请其襄助审查。

(资料来源:《中华教育文化基金董事会第一次报告》,1926,第27页。)

6.中华教育文化基金董事会分配款项之补充原则

一　本会教育事业,拟暂以左列①各项为范围:

第一项　科学研究,包含:

(1)物理,(2)化学,(3)生物学,(4)地学,(5)天文气象学。

第二项　科学应用,包含:

(1)农,(2)工,(3)医。

第三项　科学教育,包含:

(1)科学教学,(2)教育之科学的研究。

二　文化事业,拟暂以图书馆为限。

三　其他属于教育文化之事业,影响及于全国者,亦在考虑之列。

四　对于某种机关加以补助时,除须有(1)过去成绩,及(2)维持现状之能力外,以(3)能自筹款项之一部分为重要条件。

---

①此处"左列"为原文之表述,本书在此处未改其表述。

五　除仅与一次补助者外,如无特别约定或计划,每事补助,暂以三年为限。在补助期内如无相当成绩,本会得随时停付补助金。

六　凡请求拨款以作基金者,概不照允。

(资料来源:《中华教育文化基金董事会第一次报告》,1926,第28页。)

7.设立科学教席办法

第一条　本会为改进科学教学起见,设立下列各科之教席:

(一)物理学

(二)化学

(三)动物学

(四)植物学

(五)教育心理学

第二条　上项教席,依照教部前定高等师范六学区赠予训练师资之高等教育机关。

第三条　具有下列资格者,经指定之学校之推广,本会执行委员会之核定,干事长得聘请担任教席。

(一)对于本学科有精深之研究者;

(二)对于中等学校本学科师资之训练有特殊兴趣者。

第四条　科学教席之任务如下:

(一)担任科学教席者,应以培养本学科教师为主要职务。

(二)担任科学教席者,应忠实服务,不参加妨碍本职之各种活动。

(三)专任本会科学教席者,不得兼任任何其他有给职务。

(四)担任科学教席者,宜彼此合作以谋科学教法之改进;例如暑期研究会讨论会及调查等,均须参加或分任,不另支薪。

(五)每学年终,应将一年工作报告本会。

第五条　科学教席之待遇如下:

(一)薪金由会参照指定学校之标准,按月付给。

(二)继续服务满六年者,得休假一年,由会支给全薪一年,外加旅费,但以继续留学或考察者为限。其留学或考察之地点,须经干事长之同意。

第六条　教席任期自一年至三年。续约与否,由会于约期届满前两个月通知担任教席者。

第七条　本会干事长得视全国需要,于换约时变更教席服务之地点。

第八条　在约期内如遇必要须变更服务地点时,应得本人及原服务学校之同意。

第九条　凡接受本会教席之学校,应以腾出之薪金充所任学科增购仪器及设备之用。

第十条　凡接受本会教席之学校,应谋校内科学各系与教育系之联络与协作,并附属实习学校科学教学之改良。

第十一条　凡接受本会教席之学校,对于本学区中等学校科学教学,应负改进之责任。

第十二条　凡接受本会教席之学校,应采取本会科学教学考察团提出之"科学教师训练机关之标准"为目标,并设法使之逐渐实现。

(资料来源:《中华教育文化基金董事会第一次报告》,1926,第30—31页。)

8.科学教席分配要则

一　依据设立科学教席办法,本会得将科学教席酌量分配于下列各校:
(一)北京师范大学
(二)东南大学
(三)武昌大学
(四)广东大学
(五)成都大学、成都高等师范
(六)东北大学
(七)北京女子大学、北京女子师范大学

二　照教席三十五座分配,每校至多可得教席五座。其与教席有关之补助费,亦依教席之数分配。

三　本会对于上项用途,拟酌量情形,每校暂为一万至三万元。

四　科学教席,专为培养科学师资而设,上列学校对于训练师资之办法,必须有明确切实之规定,方得领受科学教席及与教席有关之补助费。

五　本会为注重女子教育起见,故所设教席,国立北京女子大学及国立北京女子师范大学亦在分配之列。惟两校同在一起,对于科学教学须有切实的合作办法,始得领受科学教席及与教席有关之补助费。

(资料来源:《中华教育文化基金董事会第一次报告》,1926,第31—32页。)

9.设立研究教授席办法

一　本会设研究教授若干席,由本会与受补助之学校商定,延聘中外著名科学家充任之。

二　研究教授席之学科,暂以自然科学与其应用为限。

三　研究教授之任期,以三年为限,期满后如经本会及本人之同意,得继续延聘之。

四　研究教授之主要任务,在指导科学上之研究及设施,但遇必要时得兼任教课。

五　研究教授为尽指导研究之职务起见,至少须在一机关任职二年以上。所余时期,得以赴各处视察指导及出席研究会之用。

(资料来源:《中华教育文化基金董事会第一次报告》,1926,第33页。)

10.北京大学与中华教育文化基金董事会合作研究特款办法

(一)中华教育文化基金董事会(以下省称"中基会")与国立北京大学(以下省称"北大")为提倡学术研究起见,自民国二十年度起,至二十四年废止,每年双方各提出国币二十万元,作为合作研究特款(以下省称"合款"),专为下列各项之用:

1.设立北大研究教授。

2.扩大北大图书仪器及他种相关之设备。

3.设立北大助学金及奖学金。

(二)北大与中基会同组织"合作研究特款顾问委员会"(以下省称"顾问委员会"),委员定为五人至七人,其任务为筹划及决定上列各项用途之实施及预算。顾问委员由北大校长及中基会干事长商聘之,不限于北大教职员及中基会董事。北大校长与中基会干事长为当然委员。

(三)顾问委员会公推委员长一人,秘书一人,任期皆为一年,但得连举连任。

(四)顾问委员会随时由委员会召集开会。顾问委员会开会以过半数出席为法定人数。

(五)研究教授之人选,以对于所治学术有所贡献见于著述者为标准,经顾问委员会审定,由北大校长聘任。研究教授之年俸自四千八百元至七千二百元不等。遇有特殊情形年俸应超出此最高额时,得由北大校长商取顾问委员会之同意。此外每一教授每年应有一千五百元以内之设备费,如有研究上需用之重要设备,由各教授提出详细预算,请北大校长提出顾问委员会议决购备。研究教授,每周至少授课六小时,并担任学术研究及指导学生之研究工作。研究教授,不得兼任校外教务或事务。研究教授,为学术上的需要,得由北大给假往国外研究一年,除支原薪外得实支旅费,并得由顾问委员会依其所在地之需要,酌量津贴其费用。研究教授之名额暂定三十五人,但不必同时补足。

(六)助学金名额暂定全校十五名,每名每年二百元,为补助成绩优良之学生之用。奖学金分两种:甲种二名,为资送有研究成绩之学生往国外继续研究之用,其每年金额依留学地之需要规定之。乙种十五名,每名每年六百元,为津贴各系有研究成绩之学生在本校继续研究之用。助学金与奖学金施行细则,由北大校长组织"北大奖学金及助学金委员会"规定之。

(七)本项合款每年四十万元,由北大与中基会逐年分八期缴清,每期各缴二万五千元,由中基会会计存放保管,随时由北大校长签署支付证支付协定之各项用途。中基会会计每年度之末应将合款之收支详数及剩余款项作为详细报告,交与北大及中基会审核。

(八)每年度合款若有余剩,均列为准备金,其用途由顾问委员会决定。北大经费有困难时,得由顾问委员会议决,将准备金之一部分借与北大为发给教员薪俸之用。但北大续领到经常费时,应将此种借款尽先清还。

（九）本项合款暂定以五年为期,但在五年之中,如有一方拖欠合款至三次以上,则对方可暂时停止付款,俟欠款付足时方继续付款。如一方发生故障,使合作研究计划不能顺利进行,对方得通告于六个月后停止合款。停止付款时,一切契约未了之责任与手续,由双方协议办理结束。

（资料来源:《中华教育文化基金董事会第六次报告》,1931,第51—52页。）

11.结束科学教席及科学教授休假办法

一 本会在各校所设科学教席,一律以六年为届满时期,至期即作结束;其未满六年者,仍继续设置,至六年为止。

二 教授任职六年者,得休假一年,以资休息及研究。在国内研究者,除照支原薪外,由本会酌给旅费;其出洋研究者,支原薪并加给来回路费及国外学费与生活费;但其研究计划及地点,须先得本会同意。

三 研究期间,以一年为限。如因研究性质有延长之必要时,经本会审查后,得延长一年;但在延长期间内,本会但给学费与生活费,不另给薪。

四 教授服务期满,如因故不能休假出洋者,得向本会商请保留一年;但一年以后,如仍不能实行,即作无效。

五 教授有中间辞职,由本会另行聘人继任者;在学科方面,已至结束之期,而在教授方面,则尚未到休假之时。兹定凡于学科结束时在职之教授,如任本会教席四年以上,而连同本会教席任期计算,共任大学教授六年以上者,得向本会请求休假出洋。其允许与否,仍由本会定之。未满四年者,无此项请求之权利。

六 教授在休假期内如任他项有给职务,本会即取消其薪给及一切休假权利。

（资料来源:《中华教育文化基金董事会第七次报告》,1932,第65页。）

12.设立科学教席计划书说明

（一）本计划将使培养师资之中心，聘得适当之人员充任。前列各科教授，举凡新教师之训练或现任教师之补充智识以及各种教育机会，无不力求均等，务使各省区都受其益。若每一高师学区得有优良之科学及教育心理学教授五人，以资倡导，则中等以下学校观感所得，获益定非浅少。至于协助、联络、商议以及监导教学、厘定标准等计划，亦可切实筹订，庶使中等以下学校之科学教育常在改良进步之中。

（二）科学教授之全部薪金及其他待遇，由本会担任后自可获得充分之保障，以从事于真正的科学教育。各处科学教授及他项教授之薪金拖欠多至数月，甚至有在一年以上者，经济之压迫其甚，势不得不兼授科目于他校或竟改就他业。有过多兼任之教授，流弊不可胜言，其最甚者约有数端：一如丧失专业之精神，因疲劳与分心而体力日渐衰弱，减少智识上进步之机会，驯至学殖荒落，不克深造多对于学生接触既少，自难尽指导之责任；校内外之纠纷均将由此发生，教席设立以后，教授自可专心教学，免受是类不良影响，行之稍久，各种积弊亦可逐渐减免。

（三）凡接受本会教席之学校，应将所腾出之薪金购置仪器，以供各该教授之用。

此种拨款办法必须切实履行。缘本会赠予之教授，苟欲增进教学之效率，须有充分之工具，以资应用。而学校亦应支初其已经指定之款额，增购仪器，以示其对于科学教学之进步确有真实之兴趣。然教授于实施教学之时，处于无可避免或意外之困境，如经本会认为必要，当以助教、书籍、仪器等供给之。

（四）在促进科学教学之全部计划中，建筑一项视教授及仪器需要较缓，且筹款或亦较易，一倘日后科学上迫切之需要已得相当满足，一当在计议及之。

（五）各种科学须由按时领受全薪之教授担任者不止上列五种，即任何学科之教授，亦应享受同等之待遇，只因限于经费不克赠予他科教授。公私机关以及他国退还之庚款倘能于五科以外特设教席，则本会之所深望者也。

（六）本计划有一显著之缺点必须声明，即一同在一校或一学系之中，若干教授按时领受全薪，而他人则否，此种办法苟无适当之规定，则同事之中必生触望。故赠与教授之薪金,应由本会直接付给,庶校长不致感受困难。且是项教授之缺额,随时可由努力深造之学者补充,则目下一般教授所鼓励于专门学业用力益勤,将来可由本会延聘,享受同等之待遇。总之,本会设立教席,旨在促进科学教育,科学教师对于本会经费之限制,与夫办事之困难,自有相当之谅解,则吾人所深为顾虑之。上项缺点望或可不致发生,本会深信各校中之全体教授不但能谅解此种暂时不可避免之差异,且能通力合作,共谋改进,使科学教育得奏实效,而利人生。本计划书虽有上述缺点,惟于科学教学前途裨益殊多,特提出建议,敬候采纳施行。

（资料来源：汤燕：《庚款教授席的实施与效果分析》,硕士学位论文,苏州大学,2015,第47—48页。）

13.处理退还庚款备忘录（蔡元培）

对大家所关心的庚款分配问题,谨提出以下建议：

一、此款的主要部分应用来建立一所大型和奖励性的科学院。该院可由两个部分组成：一个部分陈列有关阐明物理、化学等科学各个发展阶段和工艺演变过程的各个不同阶段的各种机械、模型和图表；另一部分用来显示出植物、动物群的情况,最后导致人类学。

二、该款的另一部分用来资助我国某些著名的大学或工学院,专门用于建立或扩展诸如生物、纺织、工程、化学、医学、农业及林业等特殊的科技系科。

三、该款的又一部分分配给我国某些国立大学,用于购置研究英国科学、艺术及文学方面的设备工具。同时还应从其中拨出一些专款作为基金,用于(1)聘任教授,(2)购买这些科目所需的图书及工艺品,(3)为研究生设置奖学金。

四、此款的又一部分可作为基金专款,用作派遣我国大学和工学院的教师或毕业生去英国大学和工学院学习的费用。

五、其中一小部分可作为邀请英国学者来华研究中国文学和中国哲学等学科的费用。

六、一小部分可用于购回陈列于大英博物馆的中国艺术品,但这不包括以前被拿走的那些没有什么价值的物品。

七、此款的一部分用于英、中两国间互派教授进行学术交流,即用于:

(甲)邀请英国名教授来我国大专院校讲学。

(乙)派遣我国名教授去英国讲授我国的文学、哲学、艺术或英国人民感兴趣的课题。

附注:任何国家退还庚款一事,都将被认为是对我国慷慨友好的表示,将受到我国人民的一致赞赏。我国教育家建议,在贯彻执行上述建议过程中,特别是在贯彻执行第一项建议过程中,将建立一所纪念英国这一极其友好行为的永久性的纪念馆。它将用来表示树立了一种崇尚科学与工艺的精神。当该院完善地配备了实验室以及其他研究设备之后,它将成为一个大型的资料与研究中心。在目前情况下,我国政府还难以独立地提供这些必需的东西。如蒙英国政府合作,为满足我国教育事业的迫切需要,在这方面给予巨大帮助,我国人民将极为感谢。

我出国前,曾有一段时期担任中华教育改进社的董事长。该社在济南和在其他地方举行的年会上,对庚款问题作了较其他问题更为仔细的考虑。最后,代表全国各地区的社员大会一致通过下面几点意见:

(1)中国能够而且应当承担自己的初等及中等教育的建议。因此,一致认为中央和地方政府应筹措为达到这一目的所需的普通教育基金。

(2)任何国家退还的庚款都应作为特别基金,加以储存,用于特定的目的。

(3)英国退还的庚款,如果可能,应主要用于一个重大的目的,即为理论科学和应用科学的研究提供种种设备。

在前面说到的七点建议中,社员大会特别强调第一项建议。第三、四项建议也是该社社员大会原先提出的,现在已订出细则。

更有进者,我所提出的,不仅仅是我个人的意见,而且也代表全国的一致意见。我深信所有关心这个问题的朋友,都将会慎重考虑这些意见。

附:同题异文

(1924年4月29日)

一、以百分之九十设一科学博物院,其中分两部分:一部分陈列理化学及工艺进化标本,略如 South Kensington 中之 Science Museum(南肯辛顿之科学博物馆);一部分陈列自然历史进化标本,略如 Natural History Museum(自然历史博物馆)。

理由:(一)退还赔款,为退款国极大之善意,不可不有一种永久的、普遍的大建设,以为退款国与吾国特殊友好之纪念品。(二)我国欲振发国民努力文化之精神,不可不亟营大规模之文化事业;而财政竭蹶如此,非经长时期之整理,决不能筹出巨款;允宜乘退还赔款之机会,而以较巨之款经营之。(三)文化事业,为世界主义的,与国民教育之关于国权者不同;不至因有退款之关系,而生主客间关于权限问题之纷议。十一年中华教育改进社在济南开会时,由汤尔和君提出此种意见于该社之全国教育筹款委员会,讨论后,公认为适当。并议定一种条件,其(某)国所退之款,即以建设与某国最有关系之文化事业,如法国退款,建设美术院;意国退款,建设天文台;英国退款,建设工商博物院之类。鄙意商业以工业为基础;工业以自然科学为基础;故本教育改进社建设工商博物院之原议,而依照伦敦博物院习惯,即称为科学博物院,而包含工艺于其中。

二、以百分之八为国立各大学中设立英国文史学讲座之基金。其中除教员俸给外,如购置英国图书及美术品,津贴优秀的研究生之费,均特别规定之。

三、以百分之二为派遣大学教员与毕业生留英研究公费的基金。

第二、第三之两款,亦教育改进社原议所有,但小有增改。

(资料来源:高平叔编《蔡元培教育论著选》,人民教育出版社,1991,第480—483页,编者有改动。)

14.国立北平图书馆新厦落成典礼演说词(蔡元培)

(1931年6月25日)

今日北平图书馆落成典礼,时值溽暑,酷日当空,蒙诸位惠然来临,不胜感谢。本馆同人筹备期短,招待欠周,谨先道歉,故仅简单报告本馆成立经过,以免诸位吃苦。本馆自清宣统二年学部发起组织京师图书馆时,以无相当地址,乃借用什刹海广化寺作馆址,举凡重要书册各库档案等搜罗殆尽。迄民国元年正式开幕,至民国二年教育部以馆址不适,乃设分馆办事,移重要文件于教部。民国四年,决将图书馆移设方家胡同国子监内。六年一月开馆,至十七年末叶则又移至北海居仁堂,目前则又移至本馆坐落地点矣。按民国十四年,中华教育文化基金委员(董事)会曾有筹设图书馆计划,乃与教育部筹商合作进行,筹办北京图书馆,并订契约,此为今日北平图书馆之起源。惜中国政治时有变动,致双方契约未克履行。十五年教育基金委员(董事)会召集董事会开会,对于筹设图书馆事决议单独负责办理。十八年六月基金会召开年会时,教部特向该会提议京师及北海二图书馆合并成立国立北平图书馆,基金委员(董事)会同意后,即起始进行,截至今日全部工程告竣,所有新旧书籍均经移入。现存之书册极众,如《永乐大典》《唐人写经八千卷》《四库全书》等。按北平图书馆之本身历史短促,而藏书极丰,旧北海图书馆内之科学书籍,较京师为多,而三海圆明园建筑模型在焉。至本馆建筑,于辉煌富丽之外,尚有二特长:第一,建筑上完全采用新式的科学方法,日光由外直接射入,避免弧线,室内绝无潮湿弊端;第二,此种建筑,外部完全按照中国古代建筑方法。惟北平图书馆之建筑乃试验性质,尚望诸位来宾不吝赐教。

(资料来源:高平叔编《蔡元培教育论著选》,人民教育出版社,1991,第590—591页,编者有改动。)

15.编译委员会所出著作与译著(部分)

著作:

1.胡濬济:《整数论》;

2.张信鸿、张志基:《初中混合算术》;

3.丁燮林:《初级物理实习讲义》;

4.刘正经:《数学基本概念》;

5.陈兆鹏:《初中混合自然教科书》;

6.尼登、李顺卿:《初中自然研巧》;

7.张其昀:《新学制高级中学教科书:本国地理》;

8.曹元宇:《中国化学史话》;

9.萨本栋:《物理学名词汇》《大学物理》《普通物理学》;

10.杨镇邦:《原子核的研巧》;

11.唐燿:《中国木材学》;

12.陈杰夫:《初中混合自然科》;

13.刘季辰、李庆长:《中国分省图》。

译著:

1.胡濬济:《函数论》;

2.顾养吾:《实数函数论》;

3.李达:《积分方程概论》;

4.钟閒:《电子论》;

5.侯硕之:《电学讲话》;

6.余介石:《非欧平几何学及三角学》;

7.胡适、唐擘黄:《哲学的改造》;

8.赵元任、罗常培、李方桂:《中国音韵学研究》;

9.胡道维:《美国政治思想史》《现代的国家》;

10.罗念生:《云》《普罗米修斯》《波斯人》《美狄亚》《伊菲革涅亚在陶洛人里》《俄狄浦斯王》;

11.梁实秋:《威尼斯商人》《第十二夜》《暴风雨》《如愿》;

12.袁家骅:《台风及其它》;

13.梁遇春、袁家骅:《吉姆爷》;

14.陈绵:《复活》《昂朵马格》《情书》《牛大王》;

15.冯承钧:《西域南海史地考证译丛》《西突厥史料》《郑和下西洋考》《秦代初平南越考》《马可波罗行纪》《多桑蒙古史》;

16.周作人:《希腊神话》《希腊拟曲》;

17.关琪桐:《人类理解论》《不安的故事》《人类理解研究》《沈思集》《哲学原理》;

18.李健吾:《福楼拜短篇小说集》;

19.卞之琳:《维多利亚女王传》;

20.张恩裕:《德伯家的苔丝》;

21.孙大雨:《李尔王》《哈姆雷特》;

22. 张慰慈:《欧洲近代文化发展史》;

23. 鲁光桓:《美国文化史》;

24. 何基:《近世史》;

25. 方壮猷:《东胡民族考》;

26. 连士升:《工业史》;

27. 王信忠、杨凤岐:《欧洲近世史及现代史》。

参考文献

1.著作

[1] 孙邦华.西学东渐与中国近代教育变迁[M].北京:中国社会科学出版社,2012.

[2] 姜朝晖.民国时期教育独立思潮研究[M].北京:中国社会科学出版社,2008.

[3] 吴晞.北京大学图书馆九十年记略[M].北京:北京大学出版社,1992.

[4] 中国社会科学院近代史研究所中华民国史组.胡适来往书信选(上册)[M].北京:中华书局,1979.

[5] 中国社会科学院近代史研究所中华民国史组.胡适来往书信选(中册)[M].北京:中华书局,1979.

[6] 中国社会科学院近代史研究所中华民国史组.胡适来往书信选(下册)[M].北京:中华书局,1980.

[7] 任鸿隽.科学救国之梦——任鸿隽文存[M].樊洪业,张久春,选编.上海:上海科技教育出版社,2002.

[8] 顾维钧.顾维钧回忆录(第一分册)[M].中国社会科学院近代史研究所,译.北京:中华书局,1983.

[9] 金德群,杜建军.中国现代史资料选辑 第六册(1945—1949)[M].北京:中国人民大学出版社,1989.

[10] 雷殷.庚子赔款问题[M].北京:民国大学出版部,1925.

[11] 邰爽秋,等.庚款兴学问题[M].上海:教育编译馆,1935.

[12] 清华大学校史研究室.清华大学史料选编·第一卷:清华学校时期(1911—1928)[M].北京:清华大学出版社,1991.

[13] 杨翠华.中基会对科学的赞助[M].台北:台湾"中研院"近代史研究所,1991.

[14] 耿云志,欧阳哲生.胡适书信集[M].北京:北京大学出版社,1996.

[15] 清华大学校史编写组.清华大学校史稿[M].北京:中华书局,1981.

[16] 王奇生.中国留学生的历史轨迹(1872—1949)[M].武汉:湖北教育出版社,1992.

[17] 陈学恂,田正平.中国近代教育史资料汇编·留学教育[M].上海:上海教育出版社,1991.

[18] 教育部.第一次中国教育年鉴[M].上海:开明书店,1934.

[19] 王学珍,郭建荣.北京大学史料 第二卷:1912~1937[M].北京:北京大学出版社,2000.

[20] 黄月波,于能模,鲍釐人.中外条约汇编[M].上海:商务印书馆,1935.

[21] 美国退还庚子赔款余额经过情形[M].徐仲迪,等译.上海:商务印书馆,1925.

[22] 北京大学图书馆.北京大学图书馆藏胡适未刊书信日记(影印本)[M].北京:清华大学出版社,2003.

[23] 胡适.胡适日记全编[M].曹伯言,整理.合肥:安徽教育出版社,2001.

[24] 高平叔.蔡元培全集(第五卷)[M].北京:中华书局,1988.

[25] 蔡元培.蔡元培书信集[M].高平叔,王世儒,编注.杭州:浙江教育出版社,2000.

[26] 耿云志.胡适遗稿及秘藏书信(影印本)[M].合肥:黄山书社,1994.

[27] 胡适.胡适的日记(手稿本)[M].台北:远流出版事业股份有限公司,1989.

[28] 胡适.胡适文存三集(四)[M].上海:亚东图书馆,1930.

[29] 胡颂平.胡适之先生年谱长编初稿[M].台北:联经出版事业公司,1984.

[30] 翁文灏.翁文灏日记[M].李学通,刘萍,翁心钧,整理.北京:中华书局,2010.

[31] 胡适.胡适口述自传[M].2版.唐德刚,译.北京:华文出版社,1992.

[32] 颜惠庆.颜惠庆自传——一位民国元老的历史记忆[M].吴建雍,李宝臣,叶凤美,译.北京:商务印书馆,2003.

[33] 胡适.胡适全集(第36卷)[M].周质平,韩荣芳,整理.合肥:安徽教育出版社,2003.

[34] 陈竞蓉.教育交流与社会变迁——哥伦比亚大学与现代中国教育[M].武汉:华中科技大学出版社,2011.

[35] 董德福.梁启超与胡适——两代知识分子学思历程的比较研究[M].长春:吉林人民出版社,2004.

[36] 耿云志.胡适评传[M].上海:上海古籍出版社,1999.

[37] 胡适.尝试集[M].上海:亚东图书馆,1923.

[38] 胡适.丁文江的传记[M].合肥:安徽教育出版社,1999.

[39] 蒋梦麟.西潮·新潮[M].长沙:岳麓书社,2000.

[40] 马勇.蒋梦麟传[M].北京:红旗出版社,2009.

[41] 胡适.胡适杂忆[M].唐德刚,译.北京:华文出版社,1990.

[42] 吴汉全,王中平.留学生与近代中国社会变迁[M].长春:吉林人民出版社,2012.

[43] 谢长法.借鉴与融合——留美学生抗战前教育活动研究[M].石家庄:河北教育出版社,2001.

[44] 左玉河.中国近代学术体制之创建[M].成都:四川人民出版社,2008.

[45] 萧超然,等.北京大学校史(1898—1949)[M].北京:北京大学出版社,1988.

[46] 杨翠华.蒋梦麟与北京大学(1930—1937)[M].台北:台湾"中研院"近代史研究所,1988.

[47] 汤一介.北大校长与中国文化[M].2版.北京:北京大学出版社,2010.

[48] 舒新城.中国近代教育史料(上、中、下)[M].北京:人民教育出版社,1961.

[49] 王树槐.庚子赔款[M].台北:台湾"中研院"近代史研究所,1974.

[50] 董宝良,周洪宇.中国近现代教育思潮与流派[M].北京:人民教育出版社,1997.

[51] 蒋致远.第一次中国教育年鉴 戊编《教育杂录》[M].台北:宗青图书公司,1991.

[52]卫道治.中外教育交流史[M].长沙:湖南教育出版社,1998.

[53]吴式颖,阎国华.中外教育比较史纲(近代卷)[M].济南:山东教育出版社,2001.

[54]周川,黄旭.百年之功——中国近代大学校长的教育家精神[M].福州:福建教育出版社,1994.

[55]田正平.中国教育思想通史(第六卷)[M].长沙:湖南教育出版社,1994.

[56]于述胜.中国教育制度通史(第七卷)[M].济南:山东教育出版社,2000.

[57]李桂林.中国现代教育史教学参考资料[M].北京:人民教育出版社,1987.

[58]费正清.剑桥中华民国史:1912—1949(上卷)[M].北京:中国社会科学出版社,1994.

[59]费正清,费维恺.剑桥中华民国史:1912—1949(下卷)[M].北京:中国社会科学出版社,1994.

[60]田正平.留学生与中国教育近代化[M].广州:广东教育出版社,1996.

[61]曲士培.蒋梦麟教育论著选[M].北京:人民教育出版社,1995.

[62]中国第二历史档案馆.中华民国史档案资料汇编(第三辑·教育)[M].南京:江苏古籍出版社,1991.

[63]中国第二历史档案馆.中华民国史档案资料汇编(第五辑·第二编·教育)[M].南京:江苏古籍出版社,1997.

[64]田正平.中国教育史研究(近代分卷)[M].上海:华东师范大学出版社,2001.

[65]苏云峰.从清华学堂到清华大学1911—1929:近代中国高等教育研究[M].北京:生活·读书·新知三联书店,2001.

[66]周洪宇,陈竞蓉.孟禄与中国教育现代化[M].武汉:华中师范大学出版社,2021.

2.期刊论文

[1] 任鸿隽.十年来中基会事业的回顾[J].东方杂志,1935(7):19-25.

[2] 姜朝晖.20世纪初知识分子对职业化的心态——评《教育杂志》关于学术独立的通信[J].华中师范大学学报(人文社会科学版),2008,47(1):134-139.

[3] 张书美,周立群.中基会与民国高校图书馆[J].山东图书馆学刊,2010(6):38-40,39.

[4] 有麟.评论退还庚子赔款[J].莽原,1925(14):119-122.

[5] 大栋.对于新学制与分配庚子赔款的抗议[J].中国青年,1924,2(49):4-5.

[6] 赵慧芝.中基会和中国近代科学[J].中国科技史料,1993,14(3):68-82.

[7] 曹育.中华教育文化基金会与中国现代科学的早期发展[J].自然辩证法通讯,1991,13(3):33-41.

[8] 刘小云.论中华教育文化基金会与中国科教现代化[J].洛阳师范学院学报,2002(1):97-99.

[9] 宓汝成.庚款"退款"及其管理和利用[J].近代史研究,1999(6):64-100.

[10] 左玉河.二三十年代"中基会"对中国学术研究之资助[J].扬州大学学报(人文社会科学版),2012,16(3):81-87.

[11] 徐吉.任鸿隽与中华教育文化基金董事会[J].江苏教育学院学报(社会科学),2011,27(2):84-87.

[12] 朱晓芸,薛国瑞.中基会与民国高等教育的发展[J].求索,2012(9):69-70,34.

[13] 张龙林.《中美新约》与中基会存废之争[J].中山大学学报(社会科学版),2010,50(3):91-97.

[14] 郭宗礼,毛锐.近十年来我国有关"美国退还庚子赔款"研究[J].历史教学(高校版),2007(5):91-94.

[15] 许文果.论全国庚款董事会的庚款兴学活动[J].教育评论,2010(3):122-125.

[16] 谢长法.任鸿隽的高等教育思想与实践[J].现代大学教育,2009(4):44-48.

[17] 李醒民.论任鸿隽的教育思想[J].哈尔滨工业大学学报(社会科学版),2003,5(3):113-119.

[18] 陈建宁,等.竺可桢为庚子赔款退款使用计划事致丁文江函[J].民国档案,2012(2):12-14.

[19] 李致忠.中华教育文化基金会与国立京师图书馆[J].国家图书馆学刊,2008(1):6-10.

[20] 张书美,刘劲松.中基会对国立北平图书馆的历史贡献[J].图书馆,2009(5):46-48.

[21] 张殿清.中华文化教育基金董事会对中国近代图书馆的资金援助[J].大学图书馆学报,2006,24(2):54-56.

[22] 徐鲁航."庚款留美"学者在推动中国政治民主化进程中的作用[J].汕头大学学报(人文科学版),1997,13(2):25-33.

[23] 韩延明.蔡元培、梅贻琦之大学理念探要[J].高等教育研究,2001,22(3):90-93.

[24] 杨锦华.庚子赔款体现的中美外交关系[J].北方文学(中旬刊),2013(2):190-191.

[25] 茆诗珍,徐飞.庚款留美发端考——梁诚首倡庚款留美计划的历史考察[J].中国科技史杂志,2005,26(1):12-18.

[26] 崔志海.关于美国第一次退还部分庚款的几个问题[J].近代史研究,2004(1):46-73.

[27] 方裕谨.清政府开办清华学堂史料选[J].历史档案,1987(3):57-63,56.

[28] 阿部详.保尔·孟禄与中国的近代教育[J].钟启泉,译.外国教育资料,1996(1):14-21.

[29] 周洪宇.美国哥伦比亚大学师范学院与现代中国教育[J].教育评论,2001(5):57-58.

[30] 涂怀京.中华教育改进社对20年代教育科学化的贡献[J].福建师范

大学学报(哲学社会科学版),1999(3):138-141.

[31] 田正平.我国二十年代教育改革的回顾与反思[J].教育研究,1989(1):43-44.

[32] 商丽浩,田正平.中国教育财政近代化研究[J].教育研究,2003(10):56-61.

[33] 张睦楚,孙邦华.从理想主义到现实激荡——中基会与"北大合作特款"下的学人分歧[J].现代大学教育,2014(5):53-60.

[34] 张睦楚.教育独立视野下的中华教育文化基金董事会困境研究[J].赤子,2014(7):69-70.

[35] 葛夫平.法国退还庚款与兴学——中法教育基金委员会研究[J].近代史研究,2011(2):93-106.

[36] 郑刚.中英庚款与民国时期的教育[J].教育与经济,2011(3):65-68.

3.学位论文

[1] 刘秀英."庚款留美"与中国高等教育现代化[D].重庆:西南师范大学,2004.

[2] 路书红.清末教育改革与中国高等教育现代化[D].重庆:西南师范大学,1997.

[3] 刘杰.中国近现代留美教育的发展轨迹及其审视[D].重庆:西南师范大学,1997.

[4] 申佳.庚款留美对中国近代化的催化剂作用[D].银川:宁夏大学,2010.

[5] 陈竞蓉.孟禄与中国近现代教育[D].武汉:华中师范大学,2004.

[6] 孟凡明.中英庚款用途争议研究(1923—1931)[D].武汉:华中师范大学,2009.

[7] 李高峰.华美协进社与中美教育文化交流[D].武汉:华中师范大学2003.

[8] 汤燕.庚款教授席的实施与效果分析[D].苏州:苏州大学,2015.

[9] 乔占泽.中华教育文化基金董事会与中国近代高等教育[D].苏州:苏州大学,2015.

4. 报告

[1]《中华教育文化基金董事会第一次报告》[R].1926.
[2]《中华教育文化基金董事会第二次报告》[R].1927.
[3]《中华教育文化基金董事会第三次报告》[R].1929.
[4]《中华教育文化基金董事会第四次报告》[R].1929.
[5]《中华教育文化基金董事会第五次报告》[R].1930.
[6]《中华教育文化基金董事会第六次报告》[R].1931.
[7]《中华教育文化基金董事会第七次报告》[R].1932.
[8]《中华教育文化基金董事会第八次报告》[R].1933.
[9]《中华教育文化基金董事会第九次报告》[R].1934.
[10]《中华教育文化基金董事会第十次报告》[R].1935.
[11]《中华教育文化基金董事会第十一次报告》[R].1936.
[12]《中华教育文化基金董事会第十二次报告》[R].1937.
[13]《中华教育文化基金董事会第十三次报告》[R].1938.
[14]《中华教育文化基金董事会第十四次报告》[R].1939.
[15]《中华教育文化基金董事会第十五次报告》[R].1940.
[16]《中华教育文化基金董事会第十六次报告》[R].1947.
[17]《中华教育文化基金董事会第十七次报告》[R].1948.

5. 档案

中国第二历史档案馆馆藏档案。

后记

2016年7月,本人有幸接到中央教科所(现中国教科院)博士后工作站时的学友高慧斌副研究员之邀,参加由中国教育科学研究院储朝晖教授主编的"中国现代教育社团史"丛书的编写工作。本人承担的《中华教育文化基金会史》是其中之一。本人从1997年开始中国教育史和外国教育史的教学和研究工作,因此对具有跨国际、跨文化性质的中华教育文化基金会的发展历史十分感兴趣。储朝晖教授对本书体系的构建、章节的主题与内容等提出了清晰的研究线索和宝贵的意见,没有储老师的指导,这本书也不会形成。西南大学出版社尹清强老师为书稿提出了有益的修改意见,为本书的编辑和出版工作付出了大量心血,在此深表谢意!本书的编写参考和借鉴了大陆和台湾地区一些学者的研究成果,得到了云南师范大学张睦楚老师和上海师范大学汤燕老师的热情帮助,这些学者卓越的研究成果为本书的完成奠定了基础,在此深表感谢!沈阳师范大学2015级教育史专业研究生李晓丹、周晓慧、成铖、吴韵兰、李兆悦、温馨和比较教育专业研究生沈超然、姚春霞、王春花等同学做了资料的收集和整理工作,在此表示感谢!

马立武
2021年春节期间于沈阳

丛书跋

2012年完成自己主编的2012年度国家出版基金资助项目"20世纪中国教育家画传"后,就策划启动新的研究项目,于是决定为曾在中国教育现代化过程中发挥巨大作用而又少有人知的教育社团写史,并在2013年3月拿出第一个包含8本书的编撰方案。当初怎么也没想到这一工作一再积累后延,几乎占用了我8年的主要时间,列入写作的社团一个个增加,参加写作的专家团队、支持者和志愿者不断扩大,最终汇成30本书和由50多位专家组成的团队,并在西南大学出版社鼎力支持下如愿以偿地获得2019年度国家出版基金资助。

1895年中日甲午海战中国战败后,中国社会受到强烈震动,有识之士勇敢地站出来组建各种教育社团,发展现代教育。1895年到1949年,在中国传统教育向现代教育转化、嬗变的过程中,产生了数以百计的教育社团。中华教育改进社等众多的民间教育社团在中国教育现代化进程中都曾发挥过重要的,甚至是无可替代的作用,到处留下了这些社团组织的深深印记,它们有的至今还在发挥着潜移默化的作用,它们是中国教育智库的先声。

但随着时间的推移,知道这段历史的人越来越少。教育社团组织与中国教育早期现代化既是一个有丰富内涵的历史课题,更是一个极具现实意义的实践课题。挑选"中国现代教育社团史"这一极为重大的选题,联合国内这一领域有专深研究的专家进行研究,系统编撰教育社团史,既是为了更好地存史,也是为了有效地资政,为当今及此后教育专业社团的建立、发展和教育改进与发展提供借鉴,为教育智库发展提供独具价值的参考,为解决当下中国教育管理问题提供借鉴,从而间接促进当下教育质量的提升和《中国教育现代化2035》目标的实现。简言之,为中国现代教育社团修史是一项十分有意义的工作。

在存史方面,抢救并如实地为这些社团写史显得十分必要、紧迫。依据修史的惯例,经过70多年的沉淀,人们已能依据事实较为客观地看待一些观点,为这些教育社团修史,恰逢其时;依据信息随时间衰减的规律,当下还有极少数人对70多年前的那段历史有较充分的知晓,错过这个时期,则知道的人越来越少,能准确保留的信息也会越来越少,为这些社团治史时不我待。因此,本套丛书担当着关键时段、恰当时机、以专业方式进行存史的重要责任。

在资政方面,为中国现代教育社团修史是一项十分有现实意义的工作。中国教育改革除了依靠政府,更需要更多的专业教育社团发展起来,建立良性的教育评价和管理体系,并在社会中发挥更大的作用。社团是一个社会中多种活力的凝结和显示,一个保存了多样性社团的社会才是组织性良好的社会,才是活力充足的社会。当时的各个教育社团定位于各自不同的职能,如专业咨询、管理、评价等,在社会和教育变革中以协同、博弈等方式发挥出巨大的作用。它们的建立和发展,既受到中国现代新式教育发展的制约,又影响了中国现代新式教育发展的进程。研究它们无疑会加深我们对那个时期中国新式教育发展过程中各种得失的宏观认识,有助于从宏观层面认识整个新式教育的得失,进而促进教育质量和品质的提升。现今的教育社团发展不是在一张白纸上画画,1900年后在中国产生的各种教育社团是它们的先声。为中国现代教育社团修史将会为当下及未来各个社团的建立发展和教育智库建设提供真实可信而又准确细致的历史镜鉴。

做好这项研究需要有独特的史识和对教育发展与改革实践的深刻洞察,本丛书充分运用主编及团队三十余年来从事历史、实地调查与教育改革实践研究的专业积累。在启动本研究之前,丛书主编就从事与教育社团相关的研究,又曾做过一定范围的资料查找,征集国内各地教育史专业工作者意见,依据当时各社团的重要性和历史影响,以及历史资料的可获取性,采用既选好合适的主题,又选好有较长时期专业研究的作者的"双选"程序,以保障研究的总体质量,使这套丛书不仅分量厚重,质量优秀,还有自己的特色。

本丛书的"现代"主要指社团具有的现代性,这样的界定与中国教育现代化进程相吻合。以历史和教育双重视角,对中华教育改进社等具有现代性的30余个教育社团的历史资料进行系统的查找、梳理和分析。对各社团发展的整体形态做全面的描述,在细节基础上构建完整面貌,对其中有歧义的观点依据史实客观论述,尽可能显示当时全国教育社团发展的原貌和全貌,也尽可能为当下教育社团与教育智库的建立和发展提供有益的历史镜鉴。

为此,我们明确了这套丛书的以下撰写要求:

全套丛书明确史是公器,是资料性著述的定位,严格遵循史的写作规范,以史料为依据,遵守求真、客观、公正、无偏见的原则,处理编撰中的各类问题。

力求实现四种境界:信,所写的内容是真实可靠的,保证资料来源的多样性;简,表述的方式是简明的,抓住关键和本质特征经过由博返约的多次反复,宁可少一字,不要多一字;实,记述的内容是有实际意义和价值的,主要体现为内容和文风两个方面,要求多写事实,少发议论,少写口号,少做判断,少用不恰当的形容词,让事实本身表达观点;雅,尽可能体现出艺术品位和教育特性,表现为所体现的精神、风骨之雅,也表现为结构的独具匠心,表达手法的多样和谐、图文并茂。

对内容选取的基本标准和具体要求如下:

(1)对社团的理念做准确、完整的表述,社团理念在其存续期有变化的要准确写出变化的节点,要通过史料说明该社团的活动是如何在其理念引导下开展的。

(2)完整地写出社团的产生、存续、发展过程,完整地陈述社团的组织结构、活动规模、活动方式、社会影响,准确完整地体现社团成员在社团中的作用、教育思想、教育实践,尽可能做到"横不缺项,纵不断线"。

(3)以史料为依据,实事求是,还原历史,避免主观。客观评价所写社团对社会和教育的贡献,不有意拔高,也不压低同时期其他教育社团。关键性的评价及所有叙述要有多方面的史料支撑,用词尽可能准确无歧义。

(4)凸显各单册所写社团的独特性,注意铺垫该社团所在时代的社会与教育背景,避免出现违背历史事实的表述。

(5)根据隔代修史的原则,只记述中华人民共和国成立之前的历史。对后期延续,以大事记、附录的方式处理,不急于做结论式的历史判定。

(6)各书之间不越界,例如江苏教育会与全国教育会联合会之间,江苏教育会与中华教育改进社之间,详略避让,避免重复。

写法要求为:立意写史,但又不写成干巴、抽象、概念化的历史,而是在掌握大量资料的基础上,全面、深刻理解所写社团的历史细节和深度,写出人物的个性和业绩,写出事件的情节和奥秘,尽可能写出有血有肉、有精气神的历史,增强可读性。写法上具体要求如下:

(1)在全面了解所写社团基础上,按照史的体例,设计好篇目、取舍资料、安排内容、确定写法。在整体准确把握的基础上,直叙历史,不写成专题或论文,语言平和,逻辑清晰。

(2)把社团史写得有教育性。主要通过记叙社团发展过程中的人和事展示其具有的教育功能;通过社团具有的专业性对现实的教育实践发生正向影响,力求在不影响科学性、准确性的前提下尽量写得通俗。

(3)能够收集到的各社团的活动图片尽可能都收集起来,用好可用的图,以文带图,图文互补,疏密均匀。图片尽可能用原始的、清晰的,图片说明文字(图题)应尽量简短;如遇特殊情况,例如在正文中未能充分展开的重要事件,可在图题下加叙述性文字做进一步介绍,作为一个独立的知识点。

(4)关键的史实、引文必须加注出处。

据统计,清末至民国时期教育社团或具有教育属性的社团有一百多个,但很多社团因活动时间不长、影响不大,或因资料不足等,难以写成一本史书。本丛书对曾建立的教育社团进行比较全面的梳理,从中精心选择一批存续时间长、影响显著、组织相对健全、在某一专业领域或某一地区具有代表性、典型性的教育社团进行深入研究,在此基础上做出尽可能符合当时历史原貌和全貌的整体设计,整体上能够充分完整地呈现所在时代教育社团的整体性和多样性特征,依据在中国教育现代化进程中所发挥的作用大小选择确定总体和各部分的研究内容,依据史实客观论述,准确保留历史信息。本丛书的基本框架为一项总体研究和若干项社团历史个案研究。以总体研究统领各个案研究,为个案研究确定原则、方法、背景和思路；个案研究为总体研究提供史实和论证依据，各个案研究要有全面性、系统性、真实性、准确性、权威性、实用性，尽量写出历史的原貌和全貌，以及其背后盘根错节的关系。

入选丛书的选题几经增减，最终完稿的共30册：

《中国现代教育社团发展史论》《中华教育改进社史》《中华平民教育促进会史》《生活教育社史》《中华职业教育社史》《江苏教育会史》《全国教育会联合会史》《中国教育学会史》《无锡教育会史》《中国社会教育社史》《中国民生教育学会史》《中国教育电影协会史》《中国科学社史》《通俗教育研究会史》《国家教育协会史》《中华图书馆协会史》《少年中国学会史》《中华儿童教育社史》《新安旅行团史》《留美中国学生联合会史》《中华学艺社史》《道德学社史》《中华教育文化基金会史》《中华基督教教育会史》《华法教育会史》《中华自然科学社史》《寰球中国学生会史》《华美协进社史》《中国数学会史》《澳门中华教育会史》。

本丛书力求还原并留存中国各现代教育社团的历史原貌和全貌，对当时各教育社团的发展历程、重要事件、关键人物进行系统考察，厘清各社团真实的运作情况，从而解决各社团历史上一些有争议的问题，为教育学和历史学相关领域的发展提供一定的帮助，拓展出新的领域，从而传承、传播教育先驱的精神，为当今教育改革和发展提供历史借鉴和智慧资源，为今后教育智库的发展提供有中国实践基础的历史参考，在拓展教育发展的历史文化空间上发挥其他著述不可替代的作用。在写作过程中严格遵守史的写作规范，以史料为依据，遵守求真、客观、公正、无偏见的原则，处理编撰中的各类问题。

这是一项填补学术空白的研究。这个研究领域在过去70多年仅有零星个别社团的研究，在史学研究领域对社团的研究较多，但对教育社团的研究严重不足；长期以来，在教育史研究领域没有对教育社团系统的研究；对民国教育的研究多集中于一些教育人物、制度，对曾发挥不可替代作用的教育社团的研究长期处于不被重视状态。因此，中国没有教育社团史的系列图书出版，只有与新安旅行团、中华职业教育社相关的专著，其他教育社团则无专门图书出版，只是在个别教育人物的传记等文献中出现某个教育社团的部分史实，浮光掠影，难以窥其全貌。但是教育社团对当时教育的发展发挥了倡导、引领、组织、管理、评价等多重功能,确实影响深远,系统研究中国现代教育社团是此前学术界所未有过的。该研究可以为洞察民国教育提供新的视角,在今后一段时期内具有标志性意义,发挥其他著述不可替代的作用。

这是一项高难度的创新研究。它需要从70多年历史沉淀中钩沉,需要在教育学和史学领域跨越,在教育历史与现实中穿梭,难度系数很高、角度比较独特,20多年前就有人因其难度高攻而未克。研究过程中我们将比较厚实的历史积累和对当下教育问题比较深入的洞见相结合,以史为据,以长期未能引起足够重视的教育社团为研究对象,梳理出每个社团的产生、发展、作用、地位。

这是一项促进教育品质提升的研究。中国当下众多教育问题都与管理和评价体制相关。因此,我们决定研究中国现代教育社团史,对中国教育现代化进程中发挥过重要作用的诸多教育社团的历史进行抢救性记述、研究,对中国教育体系形成的脉络进行详尽的梳理,记录百年中国教育现代化进程中教育社团所起的重大作用,体现教育现代化过程中的"中国智慧",为构建中国教育科学话语体系铺垫史料、理论基础,探明1898到1949年间教育社团在中国教育现代化发展中的作用,为改善中国教育提供组织性资源。

这是一项未能引起足够重视的公益性研究。本研究旨在还原并留存各教育社团的历史原貌和全貌,传承、传播教育先驱的精神,为当今教育改革和发展提供历史借鉴和智慧资源,拓展教育发展的历史文化空间,需要比较厚实的历史积累和对当下教育问题比较深入的洞见。本研究长期处于不被重视状态,但是其对教育的发展确实影响深远,需要研究的参与者具有对历史和现实的使命感。

这个研究项目在设计、论证和实施过程中得到业内专家的大力支持、高度关注和评价。中国教育学会教育史分会原会长田正平先生热心为丛书写了推荐信,又拨冗写了总序,认为:"说到底,这是当代中国教育改革的需要和呼唤。教育是中华民族振兴的根基和依托,改革和发展中国教育,让中国教育努力赶上世界先进水平,既是中央政府和各级政府义不容辞的职责,也必须依靠广大教育工作者的自觉参与和担当。从这个意义上讲,中国近代教育会社团体与中国教育早期现代化研究,既是一个有丰富内涵的历史课题,更是一个极具现实意义的重大问题。"中国现代教育社团史的课题,"从近代以来数十上百个教育社团中精心选择一批有代表性、典型性、产生过重大影响的教育社团,列为专题,分头进行了深入的研究。我相信,读者诸君在阅读这些成果后所收获的不仅仅是对教育社团的深入理解和崇高敬意,也可能从中引发出一些关于当代中国教育改革的更深层次的思考"。

北京师范大学教育学部原部长、清华大学教育学院院长石中英教授在推荐中道:"对那些历史上有重要影响的教育社团进行研究,既具有非常重要的学术价值,也具有非常强烈的现实意义。""当前,我国改革开放正在逐步地深入和扩大,激发社会组织活力,在整个社会治理体系建设中具有重要作用。现代教育治理体系的建设,也迫切需要发挥专业的教育社团的积极作用。在这个大背景下,依据可靠的历史资料,回溯和评价历史上著名教育社团的产生、发展、组织方式和活动方式等,具有现实意义和社会价值。""总的来说,这个项目设计视角独特,基础良好,具有较高的学术价值、实践价值和出版价值。"

1990年代,中央教育科学研究所张兰馨等多位前辈学者就意识到这一选题的重要性,曾试图做这一研究并组织编撰工作,终因撰写团队难以组建、资料难以查找搜集等各种条件限制而未完成。当我们拜访80多岁的张兰馨先生时,他很高兴地拿出了当年复印收藏的一些资料,还答应将当年他请周谷城先生题写的书名给我们使用,既显示这一研究实现了学者们近30年未竟的愿望,也使这套书更具历史文化内涵。

西南大学出版社是全国百佳图书出版单位、国家一级出版社、全国先进出版单位,承担了多项国家重大文化出版工程项目、国家出版基金资助项目、重庆市出版专项资金资助项目,具有丰富的国家、省市重点项目出版与管理经验。该社出版的多项国家级项目受到各级主管部门、学界、业内的一致好评。西南大学的学术优势为本书的出版提供了学术支撑。

本项目30余位作者奉献太多。他们分别来自中国人民大学、北京师范大学、华东师范大学、中山大学、首都师范大学、浙江师范大学等多所高校和研究机构,他们长期从事相关领域的研究,具有极强的学术责任感,具备了较好的专业基础,研究成果丰硕,有丰富的写作经验。在没有启动经费的情况下,他们以社会效益为主,把这项研究既当成一项工作任务,又当成一项对精湛技术、高雅艺术和完美人生的追求,以高度的历史使命感和现实的使命感投入研究,确保研究过程和成果具有较高的严谨性。他们旨在记录中国教育现代化过程中教育社团所起的重大作用,体现教育现代化过程中的"中国智慧",写出理论观点正确、资料翔实准确、体例完备、文风朴实、语言流畅,具有资料性、科学性、思想性,经得起历史检验的,有灵魂、有生命、能传神的现代教育社团史。

这套丛书邀约的审读委员主要为该领域的专家,他们大多在主题确定环节就参与讨论,提供资料线索,审读环节严格把关,有效提高了丛书的品质。

本人为负起丛书主编职责,采用选题与作者"双选"机制确定了撰写社团和作者,实行严格的丛书主编定稿制,每本书都经过作者拟提纲—主编提修改意见—确定提纲—作者提交初稿—主编审阅,提出修改意见—作者修改—定稿的过程,有些书稿从初稿到定稿经过了七到八次的修改,这些措施有效地保障了这套丛书的编撰质量。尽管做了这些努力,仍难免有错,敬希各位不吝赐正。

十分感谢国家出版基金资助。本丛书有重大的出版价值,投入也巨大,但市场相对狭窄。前期在项目论证、项目启动、资料收集、组织编写书稿中投入了大量的人力、物力。多位教育专家和史学专家经过八年的努力,收集了大量的资料,研究的深度和广度都大大超出此前这一领域的研究。各位作者收集了大量的历史资料,走访了全国各大图书馆、资料室,完成了约一千万字、数百幅图片的巨著。前期的资料收集、研讨成本甚高,而使用该书的主要为教育研究者、教育社团和教育行政人员。即便丛书主编与作者是国内教育学、教育史学领域的权威专家,即便丛书经过精心整理、撰写而成,出版后全国各地图书馆、研究院所会有一定的购买,有一定的经济效益,但因发行总数量有限,很难通过少量的销售收入实现对大量经费投入的弥补,国家出版基金资助是保障该套丛书顺利出版的关键。

教育在实现中华民族伟大复兴中发挥着不可替代的作用。完整、准确、精细地回顾过去方能高瞻远瞩而又脚踏实地地展望未来,将优秀传统充分挖掘展现、利用方能有效创造未来,开创教育发展新时代。在中国教育现代化进程中众多现代教育社团是促进者。中国人坚定的自信是建立在5000多年文明传承基础上的文化自信。中国现代教育社团的发起者心怀中华,在中华民族处于危亡之际奔走呼号,立足弘扬中华优秀文化传统提倡革新。本丛书深层次反映了当时中国仁人志士组织起来,试图以教育救国的真实面貌,其中涉及几乎全部的教育界知名人物,对当年历史的还原有利于挖掘中华优秀传统文化的强大生命力和在民族危亡关头的强大凝聚力,弘扬中华优秀传统文化,为构建中华优秀传统文化传承发展体系添砖加瓦。研究这段历史,对于推动中华优秀传统文化创造性转化、创新性发展,对于促进教育智库建设,发展中国教育事业,发挥教育在促进中华民族伟大复兴中的作用具有重要意义。

愿我们所有人为此的努力在中国教育现代化进程中生根、发芽、开花、结果。